人／心／之／不／同，　若／其／面／焉。

天 行 健

浙江文化艺术发展基金资助项目

春秋
裂隙中的面孔

朱夏楠 著

周室衰微，王朝崩裂，
却生出别样繁荣。

万物之聚散皆在春秋。

九 州 出 版 社
JIUZHOUPRESS ｜全国百佳图书出版单位

图书在版编目（CIP）数据

春秋：裂隙中的面孔 / 朱夏楠著. -- 北京：九州
出版社，2021.10
ISBN 978-7-5108-8990-5

Ⅰ．①春… Ⅱ．①朱… Ⅲ．①《春秋》－研究 Ⅳ.
①K225.04

中国版本图书馆CIP数据核字(2021)第210831号

春秋：裂隙中的面孔

作　　者	朱夏楠　著	
责任编辑	古秋建	
出版发行	九州出版社	
地　　址	北京市西城区阜外大街甲 35 号（100037）	
发行电话	（010）68992190/3/5/6	
网　　址	www.jiuzhoupress.com	
印　　刷	天津奥丰特印刷有限公司	
开　　本	787 毫米×1092 毫米　32 开	
印　　张	10.25	
字　　数	155 千字	
版　　次	2021 年 10 月第 1 版	
印　　次	2021 年 10 月第 1 次印刷	
书　　号	ISBN 978-7-5108-8990-5	
定　　价	59.00 元	

前　言

春秋是一个时代。《春秋》为儒家五经之一。

了解春秋，当读《春秋》。只是其文字过于简单质朴，所以需要借助诠释之作方能了解。注经之作我们称其为"传"，"春秋三传"即为《公羊传》《穀梁传》《左传》。其中，《左传》重在讲述历史事实，有别于其他两传的重在阐释义理，因而有更高的史学价值与文学价值。

自古以来，对《春秋左氏传》感兴趣的不乏其人，而最为人所知的，当属关羽[①]。其雕塑或画像，常可见他手持竹简的模样，这竹简便是《春秋左氏传》。曾为《左传》做注的杜预，亦甚爱《左传》，甚至自称"有

---

① 　《三国志·关羽传》裴松之注引《江表传》记载："羽好《左氏传》，讽诵略皆上口。"

《左传》癖"①。他所著的《春秋左氏经传集解》一书，"分经之年，与传之年相附"②，使原来分别成书的《春秋》和《左传》合而为一，影响甚大……

"夫《春秋》者，系日月而为次，列时岁以相续"③，《左传》与之相配，采用了编年体的形式，按照鲁国十二位国君的顺序，对春秋这个时代进行了记录。这一编纂形式，为后世史书的编纂树立了典范。只是，当一个人物的轨迹或一个历史事件的首尾被割裂、分散在数年甚至数十年的时空中，所呈现的跳跃性、碎片感，难免会造成一定的阅读难度。让枝叶各归其位，并在其摇摇之状中追寻、描摹风之踪迹，是一件有意思的事。这正是本书试图去做的。

春秋这一时代，时间跨度较长，本书主要讲述鲁隐公元年（前722）至鲁襄公三年（前570）的历史，以诸侯争霸的时间线为轴，历史事件依次推进、相互勾连，脉络得以清晰，人物面貌得以浮现。所涉及地理、文

---

① 《晋书·杜预传》。
② [晋]杜预《春秋序》。
③ [唐]刘知幾《史通》。

化、军事等诸问题，也据此展开。

开篇讲述鲁隐公之死，从中可窥见春秋时权力纷争之一隅。这纷争涉及三个维度：各诸侯国内部的权力争夺，诸侯国之间的争斗，以及诸侯国与周王室之间的博弈。谁获得了胜利，谁就能够主宰自己与国家的命运，乃至这个时代的天下大势。

这是诸侯竞相崛起、争霸中原的张狂岁月，也是周王室东迁后衰微之势日显的落魄期。

争霸是大势，不独齐楚秦晋等大国意图问鼎，郑宋等实力较逊者也不乏此心；各诸侯国内部，也几乎没有不经历内乱的，在解决内乱的同时，还要应付其他诸侯国的介入；而作为天下共主的周天子，则不仅要面对王畿内乱，还要面对来自戎狄的侵犯和诸侯国的挑衅，王权威势一降再降。

争霸的先声，是郑国的"庄公小霸"，起势奇崛却因内乱而致霸业夭折。诸侯公认的第一任霸主是齐桓公，他于内乱中胜出，而后方得以施展拳脚。继他之后，晋文公因骊姬之乱而流亡在外十九载，归国后城濮一战定下晋国霸业。秦国与晋国世代联姻，秦穆公早有

称霸之心，只是在晋文公时被压制，晋文公死后又折戟
崤山，败于晋襄公，最后不得不黯然引兵西向，霸业成
空。位于南方的楚国，一直觊觎中原，终于在楚庄王时
得以与晋国平分天下。晋楚争霸的尾声，则是吴国的
崛起。

人物的命运与历史事件交错发展，为了呈现完整
的历史事件，年代跨度较大、经历较为复杂的人物，本
书会分散在几个篇章中加以呈现。如春秋第一任霸主齐
桓公，其霸业成就在《懿公好鹤》中有所涉及，但霸业
的开拓主要放在《庆父之难》，从鲁国内乱的角度出发
来看两国微妙的关系；而他凄凉的晚年，则放在《蹇叔
哭师》中讲述，以与晋文公的善终做比较。又如晋国的
谋士士会，经历了晋国战胜楚国的城濮之战，也经历了
晋国为楚国所败的邲之战；见证了赵氏家族一步步登上
专权的高位，也见证了这个家族被屠戮的惨烈。因而对
他的叙述被分置于《晋灵公不君》《邲之战》《赵氏孤
儿》等篇章中，各有侧重。

"溥天之下，莫非王土。率土之滨，莫非王

臣。"①周王朝一统寰宇、睥睨天下的气象，到了春秋时期，已衰颓难见了。所可见的，是"王臣"们的异心，是"王土"的裂痕。一个个人物，就在这裂隙之中行列而来：鲁隐公的温吞与犹疑，息夫人的智慧与隐忍，晋国谋士士蒍（士会的祖父）的谋算与洞见，周襄王的短视与轻率……是他们共同完成了一个时代的构建，这也是本书书名的由来。

关于本书所涉疆域，在此摘录童书业先生的《中国历史地理论集》中对东周及各主要诸侯国疆域的部分叙述，以便让读者有所印象：

东周 东周之都城在今河南省之洛阳县，号曰成周，亦曰雒邑。王畿所及，约有今河南省西部之一隅……

齐 齐都临淄，其势力范围约占今山东省之东北部，兼涉河北省之一部……

鲁 鲁都曲阜，其势力范围约占今山东省之南部，兼涉河南、江苏、安徽三省之一隅，自山东旧兖州府以东南，旧江南省邳、泗之境，皆鲁分也（节《读史方舆纪

---

① 《诗经·小雅·北山》。

要》语）。鲁地在今泰山以南至江苏、安徽之北部……

晋 晋初都绛（今山西翼城县），后迁新田（今山西曲沃县），其势力范围约占今山西省大部之地及河北省之西南部，河南省之西北部，陕西省之东端，山东省之西端……

宋 宋都商丘，其势力范围约占今河南省之东端及江苏、安徽二省之西北端，兼涉山东省之西端……

卫 卫初都朝歌（今河南淇县），后迁楚丘（今河南滑县），帝丘（今河北濮阳县），其势力范围约占今河北省南端一隅及河南省之北端，略涉山东省之西端而已……

郑 郑初封于今陕西省之华县，后迁河南新郑，其势力范围约占今河南省中部之北端一隅……

秦 秦都雍（今陕西凤翔县），其势力范围约占今陕西省之中部（民初之关中道），兼涉甘肃省之东端。案：秦国在春秋时之疆域不可详考，此举大略而已。

楚 楚都郢（今湖北江陵县），后迁于鄀（今湖北宜城县），其势力范围约占今湖北省全部及河南省之南部，陕西省之东南端，四川省之东端，江西及江苏、安徽三省一部之地……

吴 吴都今吴县，其势力范围约占今江苏省之大部及安徽、浙江二省之一部……

本书所参考的底本，是杨伯峻先生的《春秋左传注》，未特别注出或说明的引文，均出自此书。本书的写作也参考了其他学者的研究成果，谨在此对各位前辈学者表示敬仰与感谢！

书中若有史料失误、论断不当、行文乖谬或其他不妥之处，敬请各位读者斧正。

目录

菟裘空梦
——鲁隐公未能抵达的远方

《左传·隐公十一年》（鲁隐公）："为其少故也，吾将授之矣。使营菟裘，吾将老焉。"

隐公十一年（前712），冬夜，鲁国。一阵兵刃相接的喧嚷声惊破了寂寥。

声音是从大夫寪①氏的家宅之中传来的。一伙歹人手持利刃，直奔国君息姑的住处。他们目标明确，动作迅捷娴熟，仿佛经过演练一般：他们早就摸清了息姑的行踪，知道这一日他会离开宫室，知道他将入住寪氏家宅，也知道届时守卫薄弱，将是下手的好时机。

---

① 寪，音wěi。

　　寒冷的夜色被刀剑点燃，敌意在一步步逼近。息姑错愕中有些恍惚，仿佛再次回到了战场之上。

　　十多年前，他还只是一个年轻的公子。那一日，鲁宋两国交战，他也在战场上奋力搏杀，突然地就陷进了一片昏暗与混沌之中。他被包围了，像是落入陷阱的猎物，只能束手就擒。而后，他被送到了宋国大夫尹氏家中囚禁。

　　会如何处置自己呢？他惴惴不安。正是在这个地方，他遇见了钟巫。焦循在《春秋左传补疏》中说："钟巫在郑为尹氏所主祭。"这是尹氏所祭祀的家神①，尹氏俯首祭拜，恭顺而虔诚。

　　息姑决定说服尹氏放自己走。为表诚意，息姑在钟巫的神像面前立下誓约："若能助我回国，日后定将奉尹氏家神为自己的神主。"有神主见证，尹氏同意了，随他一同投奔了鲁国。

　　那大概是他离绝境最近的一次。是钟巫的庇佑自

---

　　① 供奉家神，是中国传统文化信仰中祖宗崇拜的一种表现形式。至今在广大南方地区，仍称家神为本家祖宗。一般在每家每户正堂厅供奉家神牌位和家神龛，每逢婚丧喜事、年庆节日都要进行祭拜。

己才能化险为夷啊。他铭记于心，一直践行着当日的承诺。今天，他也正是为了祭拜钟巫才选择了出宫。

钟巫神像所在的园子相去寪氏家不远，他就近住下，却不想给了歹人可趁之机。是他大意了，他忘了，世上的凶险之地，并不独独是战场。他再一次成了困兽，走投无路；而这一次，神主钟巫没能保护他。

血腥味越来越浓。这些人比当年战场上的宋军更加可怕——他们似乎专为置他于死地而来。这次是真的逃不开了。

菟裘，他忽然想到了鲁国这个僻远的小邑——他为自己择选的隐居之所，自己本该在那里终老的。可惜一切都太迟了。

他闭上了眼睛。

| 一、继位 |

当人间最后一丝亮光消失在眼前时，息姑看到的是弟弟允的脸孔。这张脸很陌生，此时他方惊觉，自己已很久没有认真看过这个弟弟了。当年那个羸弱的稚子原来早已长大成人。

他与允的纠葛，似乎是与生俱来的。在他成年时，父亲鲁惠公曾预备为他迎娶宋国国君的女儿。然而宋女至鲁国后，惠公见其貌美，自纳之，令他另娶。宋女生下的就是他的弟弟，是鲁国的太子，允。

父夺子媳，当时不算罕见。息姑什么都没有说，也没有什么可说的。若是有几分怅惘，更多的也是为父亲——是不是在父亲眼里，在任何的博弈之中，他都是无足轻重可随时被牺牲的那一个；或许也正因为这一点，当年他被宋国掳走后，并未寄希望于两国的交涉，而是选择了私下逃回。

是的，自己不是被偏爱的那个儿子，息姑很早就接受了这个事实。所以十一年前，当命运将他与允并置于命运的分岔口时，他甚至感到了一丝受宠若惊。

公元前723年，鲁惠公去世，君位空缺，该由谁来继任，成了一道难题。按照惯例，自然是太子继位，但此时正值鲁宋两国频繁交战，而太子允年纪尚幼，无法担此重责——立幼主无助于振奋国威，而国本不稳必然影响前线。于是顺理成章地，作为庶长子的息姑成了候选人。

他年长，稳重，唯一招致非议的是他的出身——庶出，这先天的缺陷使得他无法理直气壮地越过太子允去攫取君位。事实上，非议声也不时传入他的耳中。但这是他唯一的机会了，战乱的局势与幼年的太子，共同为他铺就了前往最高权力的道路。如果放过，再也不会有了。

权衡之下，他做了个折中的决定以平息争议：太子年幼，我只好代为摄政；待太子长大，自然会归政于他。

我没有僭越，权力只是在自己这里过渡而已。他对自己说，对那些质疑的声音说。他看向身边的允，如此弱小，像是永远不会长大一般。如果那一天真的到来了，我会交给他一个怎样的国家呢？

无论如何，息姑成为了鲁国国君，死后谥号"隐"。鲁惠公去世次年，公元前722年，即鲁隐公元年。《春秋》纪事自此而始。

作为鲁国第十四代国君，息姑继位于战乱之中，深知战争带来的巨大损失与破坏。他决心弥合这个伤口。

鲁国虽历史悠久，此时却算不上强国。西周建立之初，周天子将这片土地作为周公的封地，只是周公要留在周室辅佐天子，就由其子伯禽代为赴任并建国。然而，鲁国"封土不过百里"，被周边林立的小国挤压，又有强大的齐国威慑，加之彪悍善战的夷狄不时侵扰，开疆辟土困难重重。与宋国的矛盾也多来自于此——两国相邻，实力又在伯仲之间。

尽管惠公晚年大败宋军，但息姑明白，战争的代价太大，一时的收益并不足以填补国内的损耗。既然无法彻底压制对方，如此耗费下去，只能是两败俱伤。他决定为这场战争画上休止符，于是主动停战，与宋国在宿地结盟，两国自此开始友好往来。

选择停战的另一个现实需求，是来自齐郑两国联盟的压力。隐公三年（前720），齐国和郑国结成石屋之盟。齐是大国，郑是春秋初年崛起的新秀，两者的联合令邻近的诸侯国感受到了强大的压迫。为了与之抗衡，很快，鲁宋两国重温宿之盟，约定互为援助。

面对与自己势均力敌甚至更为强大的国家，若没有必胜的把握，维护平衡的局势是必要的。当然，息姑的作为不限于此。对不同的国家，他开展了灵活的外交政策。

莒国地处鲁国东侧，"莒虽小国，东夷之雄者也"①，面积虽小，实力却不弱。当齐鲁等国陷入内乱时，弱势方经常投奔这个邻近的国家寻求庇护。后来的五霸之一齐桓公，早年就投奔过此地，并留下了"勿忘在莒"的典故。这样的国家，必须要成为它的朋友而非敌人。为了加以笼络，息姑还颇费了一番心思，先将公室女儿嫁往与莒国关系密切的纪国，再以纪国为介，与莒国建立了联盟关系。

此外，息姑还主动与属国建立起了良好的关系。如邾国只是一个子爵国，地位不高，而其国君邾仪父当时未受周天子册封，连子爵都不是，但是息姑并没有因此轻慢于他，而是尊之重之，两国结盟；另一个属国戎国为东夷，主动前来示好，息姑也同样与之举行了盟会。

---

① [清]顾栋高：《春秋大事表》，中华书局，1993，第2120页。

在这般苦心孤诣的联姻加结盟政策的运作之下，鲁国边境日趋安定，民生也渐渐回归于正轨。但是怀柔并不意味着没有獠牙，一旦有机会，鲁国也会积极地向外扩张，拓展自己的发展空间。正如整个春秋时代所展现的那样，和平是权宜之计，战争才是常态。

隐公二年（前721），鲁国发动了战争，"（鲁国）司空无骇入极，费庈父胜之"。极国被灭，并入了鲁国的版图。那些尚未被吞并的国家，只是因为灭它们的成本太高才得以存在，而一旦受益远大于成本，战争就在所难免。

| 二、混战 |

息姑很满意这种局势。后方稳固，鲁国在周边小国间暗暗渗透着影响力；与中原的其他国家则相互观望，维持着彼此间的平衡。

但这样的平衡很快就被打破了。

裂隙最先出现在了郑宋两国之间——郑国接纳了宋

国的公子冯，这个宋殇公政治上的敌手。为了将公子冯控制在自己的手中，宋国挑起了战火。

隐公四年（前719），"宋公、陈侯、蔡人、卫人伐郑，围其东门，五日而还。"

被围困的郑国坚守不出，保存了实力，而在未来的日子里，它将用一次次的出征来雪洗这五日的耻辱；而雪洗之后，又是新一轮的报复。

东门之役，搅动了中原的风云，余波不断，很快齐、鲁、邾等国也都被卷入其中。一时之间，硝烟四起，金戈铁蹄之声不绝。

战争的胜败并无定数，你来我往之中，各个诸侯国渐渐都倦怠了。而且各国国内的形势也时常生变，战争的走向更加难以预料。只是没有一个国家肯先停下来。这时，实力最为强大的齐国站了出来，主持召开了瓦屋之盟，令宋、郑、卫三国平息旧怨。

这是隐公八年（前715）的事，离东门之役已经过去了整整四年。

瓦屋之盟开展得还算顺利。当使者将盟约的消息传达至鲁国时，息姑真心诚意地颂扬了齐僖公的德业：齐

君令三国冰释前嫌，令百姓不再受战乱之苦，真是莫大
的功德。

面对强大的国家，他懂得顺从；他也深知，这种拉
锯式的战役，无法为任何一个国家带来胜利，能平息是
再好不过的。

但是这依旧是暂时的。不久，郑、宋之间又起战
争，瓦屋之盟破裂。而这次，鲁国放弃了盟友宋国，站
到了郑国这边。

其实瓦屋之盟前，鲁宋两国已经有了嫌隙。当时
宋国夺取鲁国的附属国郕国的土地，郕国又联合郑国伐
宋，一直打到宋国外城，情势万分危急。作为宋国的盟
国，息姑本已准备派遣援兵。可是当宋国的使者前来告
急，息姑问起敌人的军队到达哪里之时，使者却说尚未
到达国都。明明外城已破，前来求援还如此不坦诚。一
怒之下，息姑拒绝了出兵，当然言辞说得很漂亮：本应
与宋共担此危难，可是使者告知的情况与我所知不符，
就此作罢。当真是因为使者的辞令错漏吗？也许息姑只
是不愿意在这场混战中陷得太深，故而以此为借口吧。

"入郛①之役"，宋国颜面尽失，与鲁国的关系随之降至冰点。

但鲁国似乎并不做此想——他想要宋国这个盟友，当然前提是自己处在安全的位置上。于是当瓦屋之盟郑宋讲和之后，息姑又亲自率领军队，讨伐邾国，声称是要替宋国报当年的"入郛"之仇。然而这番示好并没能消除宋国对其当日不出兵援助的怨恨。

瓦屋之盟破裂之后，宋国出兵，故意不告知鲁国，所谓的同盟名存实亡。于是息姑干脆断绝了与宋国的盟友关系，加入了郑国与齐国的阵营。此后，便是宋国的节节败退。

息姑，只站在胜利的一方。

| 三、危机 |

瓦屋之盟召开的这一年，息姑迎来了他一生之中的高光时刻：隐公八年（前715），"郑伯请释泰山之祀

---

① 郛：音fú，外城墙之意。

而祀周公，以泰山之祊①易许田。"

祊和许这两个地方各有其特殊的地位。《史记索隐》中道："'许田'，近许之田，鲁朝宿之邑。'祊'者，郑所受助祭太山之汤沐邑。郑以天子不能巡守，故以祊易许田，各从其近。"《春秋谷梁传集解》中道："祊者，郑伯之所受命于天子而祭泰山之邑也。许田乃鲁之朝宿之邑。天子在上，诸侯不得以地相与。"

祊地为郑国所有，是周天子用来祭祀泰山的专用田，周天子在此起居、斋戒、沐浴。而许田靠近许国，为鲁国所有，是鲁君朝见周天子时的朝宿之邑。但无论归属哪个诸侯国，土地都是天子所封，不得私下相与。现在，郑国借口许近郑而祊近鲁，"祊易许田"，无疑是将周天子抛在了一旁。

但这对鲁国而言，却有着更为特别的意义。"泰山岩岩，鲁邦所詹。"②泰山在鲁国的心目中有着神圣的

---

① 祊，音bēng。
② 程俊英，蒋见元：《诗经注析》，中华书局，1991，第1019页。

地位，而这次易地，无疑拉进了泰山与鲁国的距离，令其祭祀之行更为顺遂。

息姑很高兴。他似乎没有意识到，郑国的强势背后，隐藏着诸侯争霸的风雨。而自己的处境，并没有比日渐落寞的周天子要好多少。

自继位以来，息姑始终没能树立起作为君王的绝对权威。他身边，始终潜伏着一股疏离的势力，这股势力毫不避讳自己"不臣"之态。并非有反叛之心，只是不听从，不合作，游离在君权控制之外。而他对此，莫可奈何——他没有一支强有力的心腹队伍可作依靠。

仅仅隐公元年（前722），息姑甫一即位，就出现了三件"非公命"之事。

"费伯帅师城郎。不书，非公命也。"

"新作南门。不书，亦非公命也。"

"（郑）请师于邾。邾子使私于公子豫，豫请往，公弗许，遂行。及邾人、郑人盟于翼。不书，非公命也。"

"非公命"，即作为臣子却不听从君主的命令而擅自行事，正是对君主权威的极大蔑视乃至忤逆。"不书"，指的是不见载于《春秋》。而《左传》将这些"不书"之事加以注释，也是表明了史家的批评与斥责。

在这股不受息姑控制的势力之中，气焰最为嚣张的当属权臣公子羽父。

隐公四年（前719），宋、卫等诸侯国在围困郑国之后，想再次攻打郑国，"宋公使来乞师，公辞之。羽父请以师会之，公弗许，固请而行。"

息姑拒绝了宋国的出兵请求，而羽父却公然违抗了君命。"固请而行"四个字，更可见息姑的忍让与羽父的专横。但息姑不得不对他有所忌惮，因为这位权臣手中掌握着军队。

不过随着时间的推移，鲁国国力渐强，息姑也在逐步地将权力收归手中。时间很快来到了隐公十一年，息姑生命中的最后一年。

这一年，他和羽父的君臣关系似乎走向了融洽，配合日益默契。滕侯、薛侯来鲁国朝拜，为先后的问题产生争执，息姑令羽父加以平息，一副君仁臣忠的模样。

同年，息姑频繁会见郑庄公，两国联合齐僖公攻打许国并获得了胜利。齐僖公将获得的许国土地让给息姑，息姑却送给了郑庄公，并说了一番漂亮的话："因您说许国不交纳贡品，我才跟随讨伐；如今许国既已认罪，您的好意我不敢领受。"这番举措，为他同时赢得了齐郑两个强国的信任与支持。

一切都正在往更好的方向前行，他理想中那个强大的鲁国正在逐步成为现实，而自己这些年的苦心经营，也将得到回报。但是令他猝不及防的是，这些很快就戛然而止——十多年前埋下的隐患还是浮现了出来。而挖掘这个隐患并将之引爆的，正是羽父。

这年的冬天，羽父郑重地向息姑提出了杀掉太子允的建议。作为老谋深算的权臣，他看到了息姑的能力。鲁国在变强，一同强大的，还有羽父手中的权力。他想要延续这样的君臣模式，更准确地说，想要在原来君臣模式中，为自己谋求更大的权力——他已拥有了兵权，现在，又盯上了主持内政的太宰之职。

羽父以为自己洞察了息姑的心思。虽然继位时，息姑声称只是代为摄政，总有一日会将权力交还给太子允，可确切是哪一天，恐怕他自己也没有把握。十一年，是一段漫长的岁月。他已经熟悉了这个位子，习惯了这个位子，难道不会想再坐得久一些吗？当年的稚子已经成人，也不见他有何兑现诺言的动作。是啊，既然已经在这个位子上了，何不坐得更安心更安稳一些呢？没有比干掉对手更稳妥的法子了。息姑一定是这么想的，只是缺乏一点信心、缺乏一点动力而已。那么，不如由自己来推他一把。

于是羽父主动示好，表示自己愿意为息姑除去这个后顾之忧。但他的这番热诚迎来的是当头棒喝。息姑拒绝了，言辞和他继位时说的如出一辙，"为其少故也，吾将授之矣。使营菟裘，吾将老焉。"

| 四、身死 |

菟裘是鲁国边远的小邑，息姑想好了，等将君位交给太子允后，便在那里安置好田宅，平静地度过余下的岁月。这是他为自己留的退路。

他应该是真心的，虽然君主的权势诱人，但他一直是一个厚道、重信诺的人。他规矩地履行着君王的职责，也真诚地对待着身边的人。

当年他在宋大夫尹氏家许诺，顺利回国后将祭祀其家神钟巫，他做到了；当日入郜之役，他因宋国使者谎报军情，怒而拒绝出兵，其中未必没有几分率性与真切。

在位期间，他曾不顾大臣臧僖伯的劝诫，执意"如棠观鱼者"——去棠这个地方观看捕鱼——臧僖伯认为这有违礼法。数月后，臧僖伯去世，息姑想起此事，非常后悔，认为自己辜负了臧僖伯赤诚的忠心。为此，他特意将其葬礼在原来的规格上加了一级，以示悼念与褒扬。

他对名分之事也慎重以待。自己的母亲去世后，"不赴于诸侯，不反哭于寝，不祔于姑，故不曰薨。不称夫人，故不言葬，不书姓。"《春秋》上也只记载"君氏卒"。而对允的母亲，他则为她立庙并祭祀。因其是夫人，也是未来国君允的生母。

所以，他认为自己规行矩步，行事坦荡，问心无愧。然而他似乎真的忘了，权力的争夺本身就是一场极为野蛮残酷的游戏。当那个骇人的建议说出口时，他与羽父都已经没有了退路，至少羽父不会给他退路。他却以为什么都没有变，将此事想得过于幼稚与天真。于是才有了那一天，他如常出宫祭奠钟巫，毫无戒备。

没有退路的羽父其实也是被逼到了绝境上。他毕竟只是个臣子，若他日太子允登上君位，听闻他曾如此进言，他会是什么下场呢？遂当机立断，决定先下手为强。他转而密告允，称息姑有害他之心，不如早做准备，并表示愿为马前卒。

允心动了。君主之位离自己只有一步之遥，而这一步他已经等得太久了。这么多年，自己就像个透明的人，隐匿在息姑的影子下。自己什么时候能摆脱这个影子呢？他不知道，也不敢问。现在机会来了，他不想在不确定上再等待下去了。况且这个位子，原本就是自己的。

次月，冬夜，歹人攻破了大夫寫氏的家门。

息姑或许觉得自己有些冤枉，但他其实并非全然无辜。他似乎忘了前车之鉴，忘了周朝初建时，他的先祖周公也曾面临相似的处境，甚至处境更为艰难。

公元前1043年，周武王去世，当时灭商不久，局势未定，周成王幼小，就由武王之弟周公代为摄政。而这引起了武王其他几位弟弟管叔、蔡叔等人的不满。他们散布流言，说周公意图对成王不轨。随后与商朝后裔武庚暗中勾结，起兵叛乱。周初的不少地方原本就是商朝旧邑，闻讯也纷纷附和。

面对其他辅政大臣的疑虑，管、蔡等人以及商朝后裔的异心，周公果断地诛杀了管叔与武庚，放逐了蔡叔，平定了叛乱；在七年后，将一个安定有序的周王朝交付给成王，才彻底地证实了自己的清白。

以周公的声望与才干，武王去世后，他是最适合代为摄政的人选。即便如此，当他"践天子之位以治天下"时，依旧要遭受如此严重的猜疑及流言蜚语。千年后，杜甫的诗句"周公恐惧流言日"，并非虚言。而仅仅三百年后，他的子孙息姑却浑然不觉，不知道自己正走在一条危险的道路上。

没有足够的威望，也缺少足够的魄力，甚至没有战战兢兢如履薄冰的警惕心，息姑却妄想着自己能够全身而退。

如果，如果他能往前一步，果决狠辣一些，如羽父所言的那样铲除后患，铲除有异心的贵族势力，未必不能开启属于自己的时代。又或者，他甘愿退让，能毫无回避、坦诚地与太子允交涉关于让位的事宜，也未尝不能取得谅解而避免手足相残的悲剧。

可惜历史没有如果。能力所限，性格所限，他只能止步于此。

| 五、尾声 |

息姑死了。

寫氏成了替罪羊，也不过是做个象征性的讨伐，最后不了了之。谁是躲在幕后的那个人？所有人都心知肚明，只是无人敢去深究。

息姑被剥夺了作为君主的尊严，甚至没能以国君之礼下葬，谥号也只是一个尴尬的"隐"字。"不尸其位曰隐"[①]，史笔暗讽他徒居其位而无突出作为。这对他显然是不公平的，保境安民并不是一件容易的事。

也许他至死都心怀理想与天真，畅想着能成就一段兄友弟恭的佳话，但是世事岂能尽如人意。摄政十一年而不归政，原本就脆弱的兄弟情，如何经得起这漫长的时间考验，如何能躲得过人心的猜疑与离间。

他不是周公，历史没能证明他的清白。

他没能去成菟裘，这场梦怕是永远也无法抵达了。

---

① 《逸周书·谥法解》。

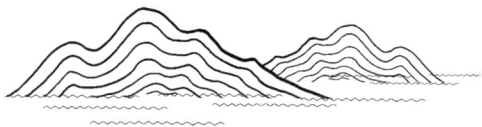

东门十年
——州吁，春秋时第一个成功弑君篡位的公子

《左传·隐公四年》：宋公、陈侯、蔡人、卫人伐郑，围其东门，五日而还。

隐公四年（前719），夏。

郑国，都城新郑的东门。已经整整五日了，城门紧闭，严防死守。

年近不惑的郑庄公立于城墙之上。城墙之外，四个诸侯国的战旗在炽热的阳光下格外刺眼。他仔细地辨认着这些来自不同方向的军队。

宋、卫、陈、蔡。这几个和郑国有着难解纠葛的邻国终于联合在了一处，来找麻烦了。

牵头的是宋国和卫国。

宋国的国君与夷心中所念的是他的堂弟——眼下正寄居于郑国的公子冯。这对堂兄弟的父亲都曾是国君，却都没有把君位传给自己的儿子。有朝一日，公子冯会不会杀回去与自己争位呢？与夷不得不做此想。不久前卫国发生了一场政变，也正是这场政变让与夷心底的这根刺更加尖锐起来——流亡在外十多年的卫公子州吁成功弑杀了卫国的国君、自己的兄长取而代之，兔死狐悲，焉知与夷不会步其后尘？

鼓动这场战役的，正是通过弑君上位的州吁。这些年，郑国一直在出兵追杀郑庄公的弟弟，那个叛乱者共叔段；段逃到卫国，郑国就打到卫国。卫国人民饱受了战乱之苦，现在，是时候复仇了。州吁窥见了与夷心底的那根刺，顺利地将他拉到了同一个阵营里。

至于陈蔡两国，则是无足轻重的小卒。作为周王室的追随者，这些年里他们看着郑国一步步强起来，见证着郑国与周王室的交恶。如今见郑国有难，自然乐得落井下石。

四国军队来势汹汹，志在必得，但是五日过去，对峙的局面正在悄然发生变化。

一鼓作气，再而衰，三而竭。这些远道而来的将士们面对着坚固的城墙、紧闭的城门，早已褪去了眼中的兴奋与狂热。僵持多一日，他们的倦怠就重一份；一同加重的还有郑国被围困的耻辱。

城墙上，郑庄公冷眼旁观。

东门之耻，来日必报。

| 一、州吁 |

隐公四年（前719）的春天，再次回到都城朝歌的州吁心中百感交集。

他等这一天等得太久了。如果自己的母亲是夫人，自己是嫡子，那么这一路走来不会如此艰难吧。他曾无数次那么想过，但无数次地，他又逼迫自己清醒过来：即使是夫人，又能如何呢？即便是那个美丽高贵的夫人，庄姜，也无法阻止自己回到这里。

现在，他正是踏着自己的兄长——卫桓公的尸体走到了这里。庄姜在哀哀地哭泣吧，桓公，她视若己出的公子完最终还是暴尸荒野，败在了她所厌弃的庶子手上。是的，庶子，自己的前半生一直被这个身份折磨着。

这一年，卫国举办了一场盛大的婚礼。因这场婚礼，中国文学史上的女性形象从此有了一个理想的标杆——庄姜。她的出场就是一首极尽溢美之词的诗歌：

硕人其颀，衣锦褧衣。齐侯之子，卫侯之妻，东宫之妹，邢侯之姨，谭公维私。

手如柔荑，肤如凝脂，领如蝤蛴，齿如瓠犀，螓首蛾眉，巧笑倩兮，美目盼兮。

硕人敖敖，说于农郊。四牡有骄，朱幩镳镳，翟茀以朝。大夫夙退，无使君劳。

河水洋洋，北流活活。施罛濊濊，鳣鲔发发，葭菼揭揭。庶姜孽孽，庶士有朅。[1]

---

[1]　程俊英，蒋见元：《诗经注析》，中华书局，1991，第162页。

她是齐国的公子①，出身高贵，容貌美丽，才情不俗；连陪嫁而来的姑娘与男子，也都是那么令人赏心悦目。卫国何其有幸啊，能够迎来这样的夫人。令人叹息的是，她虽美却无子。卫庄公后来又从陈国娶了一对姊妹，其中妹妹生下了公子完，此后完就被庄姜当作了自己的孩子，也就此顺理成章地被立为了太子。

如此，从一出生，完就是幸运的——如果庄姜有子，太子之位又怎会是他的呢？庄姜对他的疼惜，更让他获得了朝野的支持。卫人喜欢庄姜，自然也移情到了完身上。

但州吁成了他顺遂人生中的意外。

庄姜其实早就察觉到了异样，因卫庄公对自己的冷淡。貌美端庄贤良，都不是被爱的理由。庄公尊敬她，但是并不与她亲近。对此，她无能为力，也可能是，她是不屑于此。她只尽心地教导这公子完，恪守着作为一国夫人的责任。事实上，卫庄公也并不亲近来自陈国的

①　春秋时期，诸侯之女也称作"公子"。《公羊传·庄公元年》载："群公子之舍则以卑矣。"何休注："谓女公子也。"

两位夫人。他全部的热情都给了另一个女子，州吁的母亲。

与地位尊贵的夫人不同，这位女子的来处不详，就连姓甚名谁都无记载，只呼之以"嬖人"——贱而得幸曰嬖。史官的笔调轻蔑讥讽。身份卑贱、地位低下，是天生的残缺，无法修补，而得宠似乎令这份残缺更加刺眼。何况，她还生下了一个英姿勃发的儿子。

或是轻视，或是嫉妒，卫庄公的几位夫人与她都是疏离的。她既没有强大的母国为依靠，也没有什么野心，面对周遭诡异的氛围，选择了以安静与温顺来应对浓烈的宠爱以及随之而来的敌意。她一直是沉默无言的。这变相地激发了卫庄公的保护欲。

无论是朝中还是后宫，甚至民间，都是公子完的支持者。谁将是下一任的国君，所有人都心照不宣。不知从何时起，这样的心照不宣编织成了一张可怖的罗网，时常令卫庄公感到窒息。他能做的事情很有限。他无法给他心爱的女子以夫人的名分，也无法立他心爱的儿子为太子。既是如此，便在其余能给的地方加倍弥补——对"嬖人"的宠爱延伸成了对"嬖人"之子的纵容与溺爱，卫国的悲剧也由此而来。

作为嬖人之子，州吁自小就感受到了异乎寻常的宠爱，以及与宠爱相伴而来的同样浓烈的敌意。锦衣华服不在话下，父亲卫庄公更给了他种种特权以彰显尊贵。譬如在宫中，他可以携带兵器随意行走，哪怕非议四起，卫庄公也不以为意。

这给了州吁危险的希望。与兄长公子完相比，他在出身上已然输了一截，且是无论如何也无法弥补的一大截。完只要规行矩步，不出差错，便永占上风。而自己，似乎注定只能做个配角。他不甘心。在卫庄公的庇护与纵容下，他的任性、自负、野心恣意地生长着。

卫庄公意欲何为？庄姜不动声色。率先挑破了这层窗户纸的是前朝的大臣石碏。石碏清楚地看到了整个国家潜在的危机。于是他面见庄公，详陈利弊，言辞恳切：

臣闻爱子，教之以义方，弗纳于邪。骄、奢、淫、泆，所自邪也。四者之来，宠禄过也。将立州吁，乃定之矣，若犹未也，阶之为祸。夫宠而不骄，骄而能降，降而不憾，憾而能眕者鲜矣。且夫贱妨贵，少陵长，远间亲，新间旧，小加大，淫破义，所谓六逆也。君义，臣行，父慈，子孝，兄爱，弟敬，所谓六顺也。去顺效逆，所以速祸也。君人者将祸是务去，而速之，无乃不可乎？

若是卫庄公有心立州吁为太子，那就应该及时定下来；否则，只会滋长祸乱。

石碏为人老道，心思缜密，用以退为进的方式准确地切中了利害。太子已立，岂能轻易变动？他在警示庄公，若真的想要保全州吁，真的为卫国考虑，就应该及时勒令州吁杜绝不该有的念头，遵从"六顺"，摒弃"六逆"。

卫庄公自然不肯听从，而石碏似乎也是杞人忧天。公元前735年，随着卫庄公去世，公子完顺利继位为君，是为卫桓公。新君上任，很快就罢免了州吁的职务，夺去了他的权力。州吁随即逃亡在外，这一逃，就是十多年。

野心教会了州吁隐忍。在这蛰居的十多年里，州吁并不是无所作为。他一直关注着各国的动向，等待着机会。

这一天，他遇见了一个人——共叔段，那个在"郑伯克段于鄢"的政治斗争中的失败者。共是卫国的地名，也是他最后的葬身之处，故有此称。

段像是另一个州吁。同样是次子，同样被宠爱着，同样有篡位的野心，也同样被一个兄长压制着。唯一让州吁感到庆幸的是，自己的兄长不是老谋深算的郑庄公：郑庄公事先隐忍不发，一步步满足段的各种无礼要求，令他膨胀自大，产生了真可以与庄公一较高下的幻觉；而当他终于按耐不住，自以为积蓄了足够的力量，起兵发动叛乱时，对一切洞若观火的郑庄公便以迅雷不及掩耳之速将其及其羽翼干净利落地加以铲除。看着声势浩大，实则不堪一击，共叔段为自己的愚蠢和幼稚付出了沉重的代价。背负着叛乱的恶名，他再也无法回到郑国了。从此，他成为了一个流亡者。而他的兄长并没有打算放过他，一直在出兵追杀。不断地追杀，不断地逃亡。

州吁惊心于郑庄公的老辣与沉稳。谋定而后动，一击即中，在顺遂中成长的段怎会是他对手？好在自己不一样，至少，自己并没有切实的罪行可供讨伐。逃亡在外的这些年，远离卫桓公的视线，给了他蓄积力量的空间。而共叔段的失败，更给了他深刻的教训，令他警醒：即便是占据了城池、修葺了甲兵，但是这些在君主的权威面前依旧不堪一击。他必须要通过别的方式来达到自己的目的。

这也是共叔段送给他的最重要的礼物。州吁依旧踌躇满志，甚至与段约定：一旦自己成功篡位，将帮助段重返郑国。

他做到了前者，篡位。

隐公四年（前719），卫桓公完在觐见周王的半道上遇到伏击，被害身亡。

州吁就此成为春秋时期第一位弑君篡位成功的公子。他战胜了庄姜、石碏，战胜了后宫之内的夫人与朝堂之上的大臣，踏着卫桓公的尸首登上了君王的宝座。

但唯有一样东西，他无法强取，那就是民心。民心不稳，就国家不安；国家不安，就君位不安——他认为自己需要一场战争。于是，他把目光转向了郑国。这些年郑国为了追杀共叔段，屡次攻打卫国，卫人早已苦不堪言。而战争，则可以转移国内的矛盾，树立在诸侯国里的权威，凝聚卫国的民心。

况且，也是时候兑现当初对共叔段许下的诺言了。

| 二、与夷 |

宋国。与夷的内心一直忐忑着。

继位还不到一年，他已经察觉到山雨欲来。

三年前，郑国的公子段发动了叛乱。谁能想到呢，他竟然还有内应留在都城里，就是段与郑庄公共同的母亲。那个偏心而愚蠢的母亲，妄图帮助次子对付长子……好在最终不过是以卵击石。可是段一直逃离在卫国，终究是个隐患……

现在，传来了更令他震惊的消息：卫国，那个十几年前被罢黜后逃亡在外的公子州吁，突然又冒出来了。不仅如此，他还弑君成功。卫国，现在是州吁的卫国了……

公子冯此刻在想什么呢？最近他越来越频繁地惦念起这个出居在郑国的堂弟。比起郑国的段和卫国的州吁，他似乎更有资格讨要君主的位子。

这是一笔糊涂账。这账是从自己的父亲宋宣公和宣公的弟弟宋穆公那时候开始乱的。他们二人兄友弟恭手足情深，让自己成了被抛弃的那一个。

宋宣公也许根本就不想让自己的儿子与夷当上国君。

"父死子继，兄死弟及，天下通义也。"宋宣公曾这么说。原来在继位的顺序上，自己的太子身份，并无优势。那一刻，与夷已经有了不祥的预感。

预感最终成真了。

"以吾爱与夷则不若爱女。以为社稷宗庙主，则与夷不若女。"临终前，宣公如此对弟弟剖明心迹。在他看来，不论是对他个人而言，还是对宋国而言，与夷的分量都远逊于叔叔。

一个言辞恳切，坚持兄死弟及；一个多番推脱，但最后还是应承了。于是宋国多了一个穆公。"布德执义曰穆"，他也对得起这个谥号——临终之际，他执意要将君位传给侄子，以回馈兄长对自己的情谊。

可是时间已经过去了十年。宋穆公在位十年，这十年间，很多事都变了。十年前，与夷名正言顺有着继位的资格，根本无须让位；十年后，宋穆公的儿子公子冯也长成了，羽翼日丰，他难道甘心吗？追随他左右的大臣们难道甘心吗？

隐公三年（前720），心知自己将不久于人世的宋穆公，于病榻前召见了大司马孔父，请他侍奉与夷为君。

孔父直截了当地加以回绝："群臣愿奉冯也。"

人心所向，岂能随意左右？然而宋穆公沉浸于与兄长的深情厚谊之中，执拗得也一如他的兄长。

"先君念及我的德行，才将君位传给我，我自当知恩图报。否则，九泉之下有何面目去见兄长呢？"

将君位私相授受，真的对宋国有益吗？至少，宋宣公认真权衡过，对于社稷而言，宋国更需要的是穆公这样的国君。而穆公却用个人的道义捆绑了自己，也捆绑了整个国家。为了私德，报以一国；为了个人的小义，罔顾宋国的大利。

面对宋穆公的坚持,孔父沉默了。他知道这不是一个好主意,但他无能为力。这个国家已经开始分裂了。

无论如何,与夷终于顺利地继位了。漫长的十年之后,他终于成为了宋国的国君。而为了让他安心,也为了宋国的安宁,又或许是考虑到儿子的安全,穆公令公子冯出居郑国。也许,他其实也明白,在权力的斗争中,如他与他兄长一般的情深意重只是一个例外。

与夷的日子过得风平浪静,直到州吁点破了他心中那块无法示人的阴霾。

已为卫君的州吁遣人传信:我知道你的心腹之患在郑国,若你能出兵伐郑,那么卫国将出兵出物,并和陈、蔡两国一道参战。

没错,郑国眼下似乎也有送公子冯回来夺位的迹象。若是单挑郑国,宋国全无把握;若是四国联合,胜算就高多了。与夷心动了。

可是东门之围并没有实现他们的目的。

尽管四国联军气势汹汹,郑国也的确节节败退,最后不得不退守东门；但是他们的军队并没能攻入新郑，郑国也没有伤及元气。更重要的是，郑庄公始终不肯交出公子冯。

与夷如坐针毡。看来联军的威慑力还不够强大，必须拉进新的力量。他想起了鲁国。

郑国突起，又与齐国结盟，为了对抗这两个强国，三年前他与鲁隐公在宿地结成盟约，约定彼此扶持。如今郑国久攻不下，或许鲁国可以助自己一臂之力？

鲁隐公其实也一直观望着这场交战。此前见东门之役，卫国竟能集结宋、陈、蔡三国一起攻打郑国，州吁着实令他印象深刻，便询问臣下众仲的意见："州吁能成功吗？"

众仲不以为意：

"臣闻以德和民，不闻以乱。以乱，犹治丝而棼之也。夫州吁，阻兵而安忍。阻兵无众，安忍无亲，众叛亲离，难以济矣。夫兵犹火也，弗戢，将自焚也。夫州吁弑其君而虐用其民，于是乎不务令德，而欲以乱成，必不免矣。"

鲁隐公深以为然，点头赞赏。卫国的弱点并不在郑国，州吁失策了。

这年秋天，与夷与各诸侯国再次攻打郑国，并请求鲁国派兵，被鲁隐公回绝。但是权臣羽父不以为然，自行率兵前去助阵。鲁隐公只能看着，无力阻止。他的悲剧，已隐隐然可见。

这场战争是东门之役的延续，结局也大同小异：诸侯之军大败郑国的步兵，割取了郑国稻子而还。郑国再次兵败受辱，但是与夷依然没有得到想要的结果，反而陷入了战争的泥潭无法自拔。

而当初邀他发起东门之役的州吁，再也无法与他共同进退了。

┃三、石碏┃

隐公四年（前719），九月。

这一天，石碏清晰地察觉到头上的白发更密了，压得他有些喘不过气来。自己大概真的老了。

石厚，他的儿子，此刻正被关押在陈国的囚牢里，焦虑地等候着他的决定。石厚还不知道，管家獳羊肩已在赶来的路上，将奉他父亲之命，亲手送他上路。

身陷囹圄的石厚终于醒悟过来，原来自己一直都不了解自己的父亲。那个他所信任与爱戴的位高权重的父亲，自始至终都没有支持过他的好兄弟州吁。

在州吁还是深受卫庄公宠爱的公子时，父亲就已经鲜明地表达了自己的立场。他不仅向卫庄公进谏约束州吁的言行，还屡次告诫自己不许与州吁来往。可是自己怎么肯呢，州吁那么雄心勃勃，意气风发，果决善断。他比那个循规蹈矩的公子完更像是一代英主，这才是能成大事的人。他欣赏、敬佩州吁，一如州吁信任他。

随着卫庄公去世，卫桓公继位，父亲主动告老在家，不再过问朝政。石厚以为父亲真的隐退了。州吁流亡十余年，父亲也隐退了十余年。这些年里，他一直在暗地里追随着州吁。等到事情成了，父亲一定会理解的，他是这么想的。

果然，他们成功了。州吁终于登上了君位，自己也成为了有功之臣，而父亲也未见有何异议。也许是父亲老了，也许是木已成舟他默认了。毕竟国不可一日无君，他又能做什么呢？

直到在陈国落入陷阱之中，他才明白，自己是何其天真。父亲从来没有变过，他只是利用了州吁对自己的信任，也利用了自己对他的信任，铺就了一张名为"请君入瓮"的罗网。而这张网，正是自己主动送到父亲面前的。

彼时东门之役归来，州吁不仅未达到预期目标，反而惹得国内民怨更是沸腾。州吁心焦，石厚也不知如何是好，就想起了自己长于权谋之道的父亲，向他讨教如何安定君位。

父亲说："王觐为可"。若是能得到周王的召见，便相当于取得了合法性和正统性，也可堵住国内民众与各诸侯国的悠悠之口；父亲又建议，要得召见，不如通过陈国牵线，因陈国与周室关系密切，眼下陈桓公又正受周王宠信。

他并未疑心，州吁更是大喜过望。陈国正在与卫国一道对付郑国，既是同盟，理应不难。于是很快，两人就踏上了前往陈国的道路，却不知自己正一步步走入罗网之中。

在他们尚未抵达陈国的时候，石碏的书信已先一步送达了陈桓公的手中：州吁与石厚二人，是弑君之徒；我已老朽，无能为力，希望陈国相助，将其拿下。

抵达陈国之日，便是收网之时。

州吁大概忘了，被他弑杀的兄长，卫桓公完，他的母亲正是来自陈国。

隐公四年（前719），陈国，濮地。卫国派来了右宰丑，了结了州吁——这个篡位者。

公子、流亡者、弑君者、君主，这几重身份都是他。卫君之位，他坐了不过短短数月，却笼罩着他跌宕起伏的一生。他万苦千辛地追逐过，拥有过，最后断送得一干二净。

出逃的岁月，磨砺了他的狠戾与坚韧，他的内心随之而强大，所以能够沉住气，一击必中。但是篡位，终究与礼法与伦常与民意相悖，是不光彩的存在，所以他急需为自己正名，而正名是一场比篡位更为艰难的战役。他一直都是一个骄横的自我的人，而篡权的不正当性令他变得不自信，导致了他的浮躁，也致使了他的轻信，最终客死异国。他太需要被认同了，通过战争也好，通过觐见周王也罢，只要能站稳根基，任何方法他都愿意尝试，却忘了"以德和民"，而这却恰恰需要细水长流的耐心。所以这次，他输了。

鲁国众仲所言一语成谶，"以德和民，不闻以乱"。百姓不在乎君位上坐着的是谁，只希冀日子安稳。而他的篡位作乱，他的出兵好战，战争中所消耗的人力物力财力，统统都转嫁到了百姓的身上。这样的君主，安得民心？即便得到了周王室的承认，又岂能长久？

卫前废公。落在史书上的州吁得到了这样一个难听的称号，以便与数百年后卫国的另一个君主卫后废公相区别。

而石厚的命运，掌握在他父亲石碏的手上。

石碏等这一天已经很久了。

十多年前，州吁出逃的时候，他就知道只是纵虎归山而已。他了解州吁，一如了解自己的儿子。州吁有着豺狼一样的眼睛，骄傲而阴鸷，必不甘于无闻。这样的人，只要还活着，一定会搅出一番动静来的。好在自己有的是耐心，可以陪他一起等。

他只是没想到，州吁可以如此隐忍，而出手又是如此的狠决精准。弑君、继位，雷厉风行一气呵成。他还没来得及反应，一切都已尘埃落定。

他只好继续等。而这次他没有等得太久。他的儿子石厚，为他献上了破局的线索。为了破这个局，他将亲手埋葬自己的儿子。

如果当初石厚能听自己的劝阻就好了……可是世事岂能尽如人意……他终究狠下心，写下了那封送往陈国的信，目送石厚离家而去。他不会再回来了。

州吁与石厚被捕的消息传来，石碏派出了管家獳羊肩前去处理。以家法，而不以国法，是他能给予自己家族最大的体面了。

石厚死了。他的心中一片空虚，蓄积了十年的力量散尽了。

"纯臣也""大义灭亲"，史书不吝赞美之词。但这些于他而言又有什么意义呢？他只是想尽本份，只想无愧于心，无愧于卫国而已。

他从邢国接回了卫庄公的另一个儿子公子晋。十二月，公子晋继位。卫国迎来了新的时代。

一切都结束了，他终于可以安心老去了。

| 四、尾声 |

州吁死了，宋国，与夷的日子却还在继续。

一次战争，带来了更多的战争。东门之役的阴影一直笼罩在各国的心头，只能用一场又一场的战役去冲破。

东门之役次年，公元前718年，"四月，郑人侵卫牧，以报东门之役"。九月，"（郑）伐宋，入其郛，以报东门之役"。十二月，"宋人伐郑，围长葛，以报入郛之役"。

此后数年，硝烟弥漫，杀伐之声不绝。各国不是没想过要停下来。

隐公七年（前716），"宋及郑平"，"陈及郑平"。

隐公八年（前715），"齐人卒平宋、卫于郑。

秋，会于温，盟于瓦屋，以释东门之役。"

瓦屋之盟在齐国的主持下召开，各国承诺东门之役结下的仇怨到此为止。然而积怨已深，岂是一纸盟约就能平复的？很快，盟约被毁，战争再次爆发。

大军压境，宋军节节败退，与夷越来越焦虑，因为对手越来越强大，情势对他越来越不利。

作为周王室卿士，郑庄公正打着周室的名号号召诸侯发兵而来；鲁国，自己原先的盟友，不仅与自己绝交，近来还和齐国频繁往来，密谋要攻打自己。

接下来的几年里，郑国及其盟友连战连捷，夺取了宋国多处土地，还将其中的一部分送给了鲁国以作笼络。

东门之耻，加倍奉还。郑庄公做到了。

城门何时会被攻破？公子冯会从哪扇门进来？自己到时该如何应对？与夷寝食难安。但是他并未料到，战火尚在宫门之外，萧墙之祸已起；最后葬送他的，竟是他身边的人。

大宰华督位高权重，主掌着宋国的内政。他与身为司马主掌军事的孔父相互协作，共同治理宋国。二人各司其职，并无矛盾。但是一次偶遇，触动了华督的杀机。

孔父的夫人相貌极为美丽，这日华督于街头偶遇，为其美艳所震慑，直到人离去他依旧站在原地远远地目送着。此后，这个身影一直萦绕在他心头。要想得到这位美人，那么孔父就不得不除。

很快，关于孔父的谣言就在宋都商丘里流传开来：宋国之所以陷于战事，宋人之所以苦不堪言，都是孔父的缘故。华督精心煽动着骇人的舆论，为下一步的行动做准备。

桓公二年（前710），华督终于找准时机，率人杀害了孔父，并将其妻子占为己有。得知消息的与夷大怒，孔父是他立君时倚靠的股肱之臣；但是没等他下令惩处，害怕遭到诛杀的华督率先下手弑君。随后，他从郑国迎回公子冯为新君，并以重礼贿赂齐国、鲁国、陈国、郑国各国国君。得了好处的国君们纷纷选择了沉默，无人声讨其弑君之行。他依然是大宰，他的家族依旧稳稳地掌握着朝堂的权力，甚至更胜从前。

与夷，谥号殇。"短折不成曰殇"[1]，这个谥号对他而言像是一种讽刺。从他决意出兵郑国之日起，从围困东门那日算起，至今已有十年。十年十一战，他至死也未能达成心愿。随着宋殇公的去世，东门之役的余波终于得以平息。

在这十年里，宋殇公见证的是郑庄公的纵横捭阖，是郑国的异军突起。东门之役没能困死郑国，反而令它在绝境中淬炼出了更为强大的生命力。这个时代，是属于郑国的。

又三年后，桓公五年（前707），郑国在繻葛大败周室率领的陈、蔡、卫等联军，声威大振。自此周王室江河日下，郑国开启了诸侯争霸的征程。

东门，依旧是新郑的东门。它沐浴在新的阳光下，迎接着郑国军队一次次的凯旋，而旧日飙举电至的四国之师早已消失得无影无踪。

---

① 《逸周书·谥法解》。

齐大非耦
——太子忽的傲慢，与郑国夭折的霸业

《左传·桓公六年》（郑太子忽）："人各有耦，齐大，非吾耦也。"

| 一、太子忽 |

桓公六年（前706），齐国。劳累至极的齐僖公终于松了一口气。

国家总算守住了。北戎，又是北戎。这么多年来，来自北方的游牧民族像豺狼一般，死死地盯着中原的水草丰美。它们漫不经心地游荡在周边，找寻机会。一旦有机可乘，便扑就过来，疯狂地撕咬。

六十多年前，在另一支匈奴部落犬戎的进犯下，强

盛了近三百年的西周王朝霎时灰飞烟灭。为躲避侵扰，狼狈不堪的周王室不得不从镐京（今西安）一路东迁到洛邑（今洛阳），自此伤筋动骨，一蹶不振。

这么些年过去了，笼罩在中原的这片阴影却始终挥之不去。想到刚刚结束的这场战争，齐僖公还是有些后怕。自先祖姜尚被封这东海之滨，建邦立国，齐国向来自诩为大国，可面对这支从燕山奔袭而来的匈奴部落的一再侵扰，却一筹莫展。它行动迅捷，彪悍狠辣，同时灵活性极强，不仅难以将其剿灭，只是应对自保就要耗费好大的气力。好在，齐国得到了中原各诸侯国的帮忙。特别是郑国。

"北戎伐齐，齐侯使乞师于郑。郑大子忽帅师救齐。六月，大败戎师，获其二帅大良、少良，甲首三百，以献于齐。"

郑国的太子忽立下了大功。想到这个了不起的年轻人，齐僖公神色复杂。这不是他们第一次打交道了。多年前，因爱惜太子忽的才干，他就提出将女儿齐姜嫁给他，却没想到遭到了婉拒。太子忽当时的那番陈词令他印象深刻，铭记于心。

"人各有耦，齐大，非吾耦也。"

人各有其匹配的对象；齐国太大，不敢高攀。

不卑不亢，进退有据。齐国当然是大国，但是被太子忽在此中情形下提及，似乎变了味……郑国当真弱小吗？想起此刻须借郑国之手方能解围，齐僖公唯有苦笑。

以联姻来巩固彼此的地位是诸侯国间通行的法则，可是这个年轻人的行为处事却如此出人意表。他的谦恭之下暗藏着逼人的锋芒，有呼之欲出的倨傲。他在宣告他不喜欢这个规则，也不愿意尊从这个规则。

现在呢？不知道他的想法变了没有。姑且一试吧！齐僖公再次提出了联姻之请，然而再次无疾而终。太子忽的言辞依旧堂皇：

"此前未曾为齐国做过什么，都不敢高攀；如今奉命救急，却在战争之中为自己谋婚姻之事，百姓怕会对我议论纷纷吧。"

依旧还是那个带着无与伦比的骄傲与自信的年轻

人。可惜，他很快就会意识到，这个世界的规则比他想象中的更顽固；只不过他并没有打算低头。

为答谢各国派兵戍守边境，齐僖公派人给将士们赠送食物。为郑重其事，他还特意请了与自己有姻亲之好，同时又深谙礼仪之道的鲁国来落实此事。而鲁国把郑国安排在了后面：郑国立国的时间并不久，封爵的时间晚，所以按照周礼，应当靠后。

太子忽怒火中烧。此次救齐，郑国军功最为显赫，如此做派，不是对自己和郑国的侮辱吗？封爵的次序已是既成事实，如果日后都要如此墨守成规，那么郑国岂非永远都要靠后站？

况且，鲁国当真唯周礼是从吗？数年前，宋殇公被大臣华督所弑，怎么不见鲁国去讨伐？反而和我们这种不懂礼数的国家一般，收了贿赂，就置之不理了呢？周礼，也不过是他们借以囤利的工具而已。

自己也许还是太稚嫩了，但他决不愿意忍气吞声。

四年之后的冬天，郎地发生了一场战争。太子忽主动挑衅了鲁国，而与鲁国有姻亲之好的齐国选择站在了郑国这一边。

尽管敌方以郑国为首，尽管齐卫只是帮助郑国而出兵的，鲁国在记载这场战役时，依旧将郑国放在了后面，并解释说：先书齐、卫，王爵也。

周礼，大概是鲁国最后的尊严了，它只能死守。若是太子忽看到这行字，不知是否会哑然失笑。

这一年的他扬眉吐气意气风发：你看，在真正的实力面前，所谓的联姻是多么地脆弱。

这一年，太子忽对未来充满了信心。

| 二、郑庄公 |

太子忽的野心，想来是遗传自他的父亲郑庄公。

而他身上挥之不去的那执拗乖张的少年意气却是郑庄公所缺失和羡慕的。

太子忽，是散发着耀眼光芒的年轻人，他张扬放肆，从不惧怕掩藏自己的好恶。而庄公，似乎一出场就老了。他稳重、谨慎、低调。

"庄公寤生"，关于他第一笔的记载就是"庄公"

之称，不是公子，也不是太子。寤生，即难产，这个不祥之词就此成了他的名字，时刻提醒着他的母亲武姜生产时的疼痛与恐惧，也一并折磨着他自己。武姜始终没有走出这个阴影，她因恐惧而厌恶，因厌恶而疏离。在诞下第二个儿子段之后，她对郑庄公的厌弃变本加厉。郑庄公未能得到的，被加倍倾注于段身上。压抑的母爱一旦找寻到释放点，便会产生惊人的破坏力。

武姜多次请求自己的丈夫废了郑庄公，改立次子段为储君；当这个请求被拒绝后，郑庄公就成为了她的敌人。一个被自己母亲敌视的人，该如何成长？史书不会记载。我想他的眼睛曾经一定闪烁过渴求的光芒，只是这光芒没有得到回应，只好暗淡，只好被吞没，终至消失。他再次出现时，已是一国之主。没有童年与少年，他的身上也看不到天真的影子。

母亲与弟弟的企图都在他的眼皮子底下进行着，郑庄公看得清清楚楚。看武姜为段请求大的封邑，看段在封邑中筑城墙治兵甲，看他们预备着里应外合向他发起进攻，把他当作了一个傻子。

"郑伯克段于鄢"，史家的笔锋刺得人心冷，吝啬得不肯称他为"庄公",而只代以"郑伯"。伯,是长子;叔,是少子。他们嘲讽庄公罔顾自己兄长的身份,对弟弟太过残忍——郑伯,你忘了你是兄长了吗?你下手的对象,可是你的亲弟弟。纵然你的母亲与弟弟欲置你于死地,你也总该记得兄友弟恭的教诲,怎能以其人之道还治其人之身?

可是凭什么呢?"多行不义必自毙。"他的臣下劝谏他早日行动时,他如此安抚道。他隐忍,克制,谋定而后动。天真的人无法存活。所以他秋后算账,干脆利落地了结了这场跳梁小丑般的造反闹剧。

所谓的母子相残手足相残,最先挑起的人并不是他。他难道不是受害者吗?与自己同居一城的母亲,毫不掩饰地挂念着那个封于别邑的弟弟。自己难道不是她的儿子吗,可她算计的却是大开城门,迎接她的爱子入主。

自己不过是胜利者而已。如果他们成功了,彼时的自己又会是如何呢?父亲已经死了,谁还会在乎他的下场?所以他下了狠手。战败的段出逃了,他坚持派兵追杀——如果自己失败了,这也会是自己的下场。

而武姜，面对这个与自己有着母子名分的人，他的心情要矛盾复杂得多。

"不及黄泉，无相见也。"他撂下狠话，选择决裂。可是下一秒，他又派人掘地之黄泉涌出，隧道中相见。

后人斥责他的虚伪，嘲讽他不过是为了借个"孝"的名义收揽人心。然而这个名义在春秋时远不及后世里那般重要，庄公也未必看得上以它做噱头。也许，他只不过是想要一个母亲，哪怕只是形式上也好。

宫廷的内斗，完美谢幕；更大的舞台正等着他上场。

严苛的成长环境、凉薄的亲情，这些对于一个政治家而言未必是件坏事。至少，他锻炼了自己的谋略胆识与审时度势的眼光。现在，他放眼看向四方诸侯。

周王室式微，群雄未起；诸侯之中，谁敢悖风雷之先？

郑庄公寤生。

| 三、郑国 |

桓公五年（前707），繻葛，一场恶战引来了四方震动。

不仅是因为战况的激烈，更是因为交战的双方是君臣，有尊卑之别：周桓王作为天下共主，亲自率领军队讨伐诸侯国郑国。而战争的结果令人愕然——周军大败，周桓王肩头中箭，狼狈而还。

在此后各诸侯国无数场借王命征讨的战争里，周天子渐渐消退成了一个遥远而虚幻的摆设。然而在这春秋初年，确确实实地出现了周桓王征战的身影。只是他败了，这一败，就再也没有赢回来的机会了。

他败在了最初并不起眼的郑国手里。

郑国立国不久，国土面积不大。因在周王室东迁的过程中鼎力相助，故与周王室关系密切。更重要的是，郑庄公身兼周王室卿士的身份，行执政之权，即他可以代表王命来号令诸侯，这大大便宜了郑国的军事外交行动。

在郑庄公的苦心经营之下，郑国强势崛起，终于引起了周桓王的父亲周平王的警觉。嗅到了危险的周平王想要采取分权制衡的措施，把部分权力划给了虢国国君，而这令郑庄公大为不满。为了平息庄公的怒气，于是有了"周郑交质"事件：

"王子狐为质于郑，郑公子忽为质于周。"

王子狐何人也？他是周平王的次子，也是当时的太子，未来的周王。周王室的神坛地位受到了震动——诸侯在封地为主人，在天子面前的身份却只是臣下。周室的太子与郑国的公子——彼时的忽似乎还仅是公子——互换人质，却是将双方放在了平起平坐的对等地位上。周王室衰微，可见一斑。

此举原本也只是个缓兵之计，矛盾的根源在于权力之争，而这是无法破解的困局。随着郑国国力的强盛，战争不可避免。

隐公三年（前720），周平王去世，王子狐回国奔丧且很快病逝，这才有了周桓王的继位。新上任的周桓王惊恐地看到，郑国的势力已然形成气候了：老谋深算的郑庄公远交近攻，联合齐鲁等大国，不断地攻打着周边的国家，而且师出有名——"以王命讨不庭"，即以他们不朝觐天子的名义进行讨伐，令其臣服，树立自己威望。

周桓王终于领会到了他的父王当年走在悬崖上的绝望与无助。不能坐以待毙。他决心采取更为激进的手段，于是直接剥夺了郑庄公的权力。而作为报复，郑庄公不再朝觐周王，以此来传达不承认周天子天下共主地位的讯息。繻葛之战由此而起。

这场战争，同样是"以王命讨不庭"，甚至周王亲自上阵，还发动了陈蔡卫三个诸侯国一起对付郑国，最后却是损兵折将，周王负伤，一败涂地。

郑庄公是个天生的谋略家。他知道战争是谈判的手段而非目的，天子败了也还是天子。现在他得到了足够的筹码，可以鸣金收兵了。于是他派使者去周王军帐之中慰问伤情，既显示自己的阔达，又给了对方一个台阶。

受伤的周王既惊且怒又无可奈何，他不得不面对一个他的先祖们所不曾经历的残酷的现实：周室最好的时代已经过去了，现在的天下已非周天子的天下了。郑庄公的示好，他明知是虚情假意，也只能接受。

这场战争是周王室为了维护昔日尊荣所做的最后挣扎。此后，诸侯国们不断崛起各领风骚，而周王室再也没有能力、也没有勇气去压制了。只能默然藏身于春秋风云的背后，如傀儡般被虚情假意地供奉着，直至最后的泯灭。

而经此一役，郑国更是声名大噪，此后东征西讨，如鱼得水。郑庄公，第一个将周天子拉下马的诸侯，第一个挟天子以令诸侯的霸主，似乎即将开创属于自己的时代。

风向的变化如此微妙，不同的国家反应却有缓急之别。有的主动与郑国亲近，比如齐国；有的则依旧沉浸在周王室强大而尊荣的旧梦里，比如鲁国。于是有了繻葛之战的次年，北戎侵齐，齐国求助郑国，鲁国在分食物的次序上得罪太子忽之事。

经历了周郑交质，与繻葛之战的太子忽，又怎会把周礼放在眼里？他亲眼见证了周室的脆弱与无力，见证了自己父亲的铁腕与强势，见证了规则的打破与重构。所以他藐视礼法，我行我素。

他拒绝了齐国的婚姻之请，娶了陈国的女儿；娶妻时，他也无视应当先告祭先祖再成婚的礼法，"先配而后祖"，即使这会招致批评。

礼乐崩坏，大势所趋。但是他并不明白，崩坏是一个漫长缓慢的过程。就像他的父亲庄公在繻葛之战中所做的，即便将周王的军队打得大败，还是要奉臣子之礼。

这是一个好战的年代。在频仍的战争中成长的太子忽相信，谁能在战场上制胜，谁便能够拥有权力。而打仗，正是他的强项。

此刻，郑国的风头正强劲，就像年轻的太子忽一样所向披靡。

｜四、郑厉公｜

作为太子，忽的人生顺遂而快意。这也是他一生中最辉煌的时刻。

桓公十一年（前701），郑庄公去世，太子忽继位，成为了国君，郑昭公。他本该继承郑庄公未竟的事业，一展郑国的宏图，但形势却急转直下。

国君之位还没坐热，郑昭公就仓皇出逃，流亡异国，郑国另立新君。

打败他的不是外敌，而是萧墙之内的手足；或者说，是他自己的自负与轻慢。出逃的那一刻，不知他有没有想起谋臣祭仲的告诫，会不会后悔没有接受齐僖公的联姻之请。

在太子忽无限风光时，祭仲已经看到了潜伏着的危机，一再提醒他：您的几个兄弟，都因母亲受宠而得到庄公的喜爱，若是没有强大的外援，恐怕君位难立啊，三位公子都将成为国君了。

祭仲没有危言耸听。太子忽并非是庄公唯一的儿子，而后来的事实也证实了祭仲的预料。

作为郑国元老级的重臣，祭仲见证了"郑伯克段于鄢"的手足相残，深知君位争斗的残酷，也深知外援的重要性。就像当年支持郑庄公一样,这次他也站在了太子忽这边。所以他希望太子忽能接受齐僖公的提议,巩固自己的地位。只可惜,彼时的太子忽被脚下的风光无限迷住了眼睛,已经听不进劝诫了。他没有看到,自己身边有一个丝毫不逊色于他的兄弟——公子突。

忽,隐含着傲慢不恭之意;突,则有旁侧出击之意。冥冥之中,仿佛命运已经为这两个兄弟布好了局。

在《左传》中,对公子突军事才能的叙述要详尽得多。

北戎来侵犯郑国之时,面对强敌,突挺身而出,冷静地分析敌方的弱点并加以利用:北戎人贪婪,见到有利可图就会冒进,一旦遭遇伏兵也不会相互救援而是自顾自逃跑。如此,只要我方设下三个埋伏就能令他们自顾不暇,从而取胜。

繻葛之战中,面对陈、蔡、卫三国的军力,突把薄弱的陈国作为突破点,说它因有内乱而无斗志,会把周王朝的士卒拖下水,这么一来蔡卫两国也不能支撑。

战事的发展皆如他所料。

与太子忽相比,这个儿子更像是年轻时的庄公——

胸中有韬略，处事却低调隐忍。除了军事行动中的积极献策，他的脾性几乎是隐形的。

郑庄公对这个儿子无疑是赏识的，可惜，太子只能有一个，国君也只能有一个。他没有理由废弃忽。况且，自己当初因为母亲对弟弟的偏爱，曾经历过一段暗黑的日子。他不愿意历史重演。

一直以来，郑庄公都是把太子忽作为接班人培养的。在周郑交质事件时，他特意派忽去了周王室。在那里，他有机会了解周王室的运作模式，有机会接触往来朝中的诸侯，累积丰富的政治经验。与此同时，他作为人质留在周王室，是在为郑国的稳定立功劳，也是他重要的政治资本。除此之外，庄公还多次派他帅军出征，屡获战功，提高他在百姓中的威信。

凡此种种，有了天时地利人和，才有了他顺遂得意的太子生涯，有了睥睨他人的资本。但一切得来太容易了，他把所拥有的这一切视为了理所当然。

当郑庄公去世后，他能够倚靠的力量事实上只剩下了祭仲。

祭仲是关键，他知道，公子突也知道。当突先发制人，控制了祭仲，他立时便孤立无援了。

太子忽成为昭公的这一年，祭仲出使宋国，不幸落入了精心策划的陷阱，宋人逼迫他改立公子突。他无奈答应。得闻此讯的郑昭公只好逃亡避难。突就此继位，成为了国君，郑厉公。

郑厉公一鸣惊人。此前，宋国一直被郑国压制得难以动弹，而突却巧妙地利用这个国家为自己翻了盘。因为他的母亲是宋人，他将宋国变成了自己的外援。

但是这不是最后的结局。此后郑国的宫廷风云一再反复。

四年后，郑厉公因为与祭仲的矛盾，密谋杀之，可是计划泄露，郑厉公被迫逃亡。郑昭公被祭仲迎回。

又两年，郑昭公在狩猎时被杀。杀他的人是一个名为高渠弥的臣子，而祸根同样在他当太子时就已埋下。他厌恶高渠弥的为人，在郑庄公想要提拔高渠弥时他曾多加劝阻。有了这番旧怨，高渠弥时常提心吊胆，唯恐他会对自己不利，索性先下手为强，弑君另立。

随后，郑昭公另外两个弟弟公子亹、公子婴相继继位，也都未能善终：一个为齐国所杀，一个为臣子所弑。

流亡了十七年后，郑厉公回国，一切才算尘埃落定。

而十七年后的郑国已经不是当年的郑国了。

| 五、尾声 |

一步错，满盘输。

太子忽君位上的折戟沉沙，牵动的是整个郑国命运的盛极而衰。

外援，他输给公子突的只是一个外援而已；而他本可以得到更为强大的外援。拒绝了一桩婚姻，毁掉了自己的前程，葬送了郑国的霸业。当他被迫出逃回看自己的前半生时，不知道会不会想起那个一再向他抛去橄榄枝的老人。齐国，终究是大国；齐僖公，远比他看得长远。

但他再也没有翻盘的机会了，郑国也没有了。

郑庄公死后，郑国君位的几次反复，被称为"公子五争"。经此内乱,郑庄公苦心经营的"小霸"之势瞬间化为乌有。它最光辉灿烂的岁月,正好也是太子忽最为得意的时代。现在,两者都过去了。昭公像是另一个人,没有棱角,全无光彩。而此后的郑国,也只能小心翼翼地周旋在大国之间,当作他们彼此纷争的缓冲地带,或攻城掠土时试探的一道门禁。霸业,是其他诸侯国所追逐的,郑国再无资格跻身其中。

当齐桓晋文而后搅动风云轮番主宰中原之时,不知是否会有人想起,春秋初年暮色沉沉之际,那个率先以一声惊雷打破僵滞局势的诸侯国。它曾经那么惊艳,那么令人期待,可最后却像一颗流星一样,锋芒尚未来得及全部绽放,便已坠落。

一如那个骄傲的年轻人,倏忽而来,倏忽而逝。

敝笱在梁
——文姜：政治是女人能玩的游戏吗？

《左传·桓公十八年》（鲁大夫申繻：）"女有家，男有室，无相渎也，谓之有礼。易此，必败。"

桓公三年（前709），一支盛大的送亲队伍，正自齐国国都出发。

出嫁的这位女子，正是被郑国的太子忽以"齐大非耦"为由拒绝的齐僖公的女儿，文姜。后人揣测，太子忽的拒绝，除了个性自傲之外，还有另一重原因——文姜非其良配。尚待字闺中时，与其异母兄长、后来的齐襄公姜诸儿有染的传闻已不胫而走。

但无论如何，文姜都是颇受宠爱的。她美丽，且富有才干与见识。此次出嫁，她的父亲齐僖公甚至不惜与礼相违，亲自护送——春秋时，即便是嫁给周天子，也不过是由众多卿士护送，断无国君出面之理。

齐僖公是想要以这种方式，宣示女儿的尊贵。一并依依不舍的，当然还有姜诸儿。

| 一、鲁桓公 |

与光彩照人的文姜相比，她所嫁之人鲁桓公，似乎并没有什么存在感。

鲁桓公早年的人生笼罩在兄长鲁隐公的阴影下。寂寂无闻地等待了十一年，最后一个偶然的机会，依靠权臣羽父之力除去了兄长，才如愿地摆脱太子的身份，正式成为国君。

也许是因那段惶恐压抑的太子生涯的折磨，鲁桓公形成了外厉内荏的性子。一直处在弱势之中的人，反而更渴望彰显权力；然而若是实力不济，一旦付诸行动只会显得虚张声势。在文姜面前，便是如此。

他当然听说过关于文姜的种种。比如她未出阁前与姜诸儿的不伦，又比如那个差点娶了文姜的太子忽。

那个骁勇善战而又目中无人的太子忽，也时常让他心生好奇。

成婚几年后，一场战事，又让他听闻了关于太子忽的消息。太子忽帅诸侯之军解北戎围齐之困，成为众人瞩目的中心，那份荣耀让鲁桓公心里有些泛酸；尤其是齐僖公再次提出婚姻之请时，他心中的滋味更是难以名状——自己所敬畏的大国，居然在郑国面前大献殷勤。

所以，当这位不可一世的太子忽被激怒时，他心中或许多少有几分窃喜。鲁国受齐国之托给各支前来援助的诸侯军馈赠食物，将郑国列在了后面，当然理由无懈可击：这可是周王朝所定的次序。他甚至可能还认为自己在为周王室挽回尊严：前一年，周王在繻葛之战中惨败于郑国。

想到周王室已显倾颓之势，鲁桓公难免惆怅。如果一切都按周礼法度来，就好了。自己既然是太子，就理所当然该由自己来继承君位，凭什么冒出来一个鲁隐公？既然郑国位次在后，就该乖乖地听从安排，又有何怨恨？既然文姜嫁于自己为夫人，那么自然该有个夫人的样子，端庄、忠贞。如此，他的人生将是何其顺遂。

现实却是，事与愿违。因为兄长鲁隐公，他莫名地多做了十余年的太子；因为太子忽的怨恨，四年后鲁国遭遇了复仇之战；而与他共枕的夫人，更是将他送上了不归路。

与文姜成婚初期，生活虽然寡淡，也还算平静。直到十余年后，随着齐僖公的去世，波澜再起。

桓公十四年（前698），姜诸儿继位为君，成了齐襄公。

为了巩固自己的地位，他准备迎娶周王室的女儿，即王姬。他向鲁国提出请求，希望能由作为周王室同姓的鲁桓公主持婚礼仪式。

商议婚礼需要鲁桓公亲自前往齐国，文姜便央求带她同去。虽然有女子归宁、问候父母的习俗，但当时齐僖公已经去世，此举本身就于礼不合。

大臣申繻进言说："女有家，男有室，无相渎也，谓之有礼。易此，必败。"

男室女家，即意为文姜与齐襄公已各自成婚，不应往来。否则，必然会有不好的后果。他说得隐晦，实则是在告诫鲁桓公这两人的乱伦关系底下，可能带来的危机。

但鲁桓公本就不是意志坚定之人，文姜一再请求，他一松口就答应了。他自然不会料到，此番出行，日后归来的，将只是他的魂魄。

桓公十八年（前694）春天，鲁桓公带着夫人文姜来到了齐国，与齐襄公会面。

文姜与齐襄公，久别重逢，心中再次涌起了旧日的情愫。

鲁桓公心中一惊。他不是瞎子，也不是傻子，暧昧的氛围，证实了从前的那些传言。可悲的是，他什么都做不了。鲁卑齐强，何况自己现在又身在齐国，更是无可奈何。想回国，又被强行留下；只能假装看不见，像傀儡一样继续既定的行程。但终究，还是没能忍住。

是的，她寡廉鲜耻，从前就已如此；如今有了夫君，还做出这样的行径，更是罪无可赦。

是夜，文姜自齐襄公处归来，春风满面，没看到鲁桓公那阴沉的一张脸，也未料到平日里那个温吞的人发起火来是这般可怕。

为人君、为人夫的尊严在这一刻占据了上风。淤积在心头的怨气一旦找到出口，便再难收住。鲁桓公很久没有这样酣畅淋漓地发泄了。发泄完毕，便觉神清气爽。他说得痛快，任凭文姜面红耳赤，羞愤难当。

他忘了，哪怕他们已经成婚了十几年，哪怕宠爱文姜的齐僖公已经去世，但她依然是齐国的公子，何况这是在她的母国，还有一个齐襄公在。

齐姜跑去齐襄公处诉说了委屈，襄公便生了杀意。

很快，齐襄公就为鲁桓公安排了一场宴席，宴席上彼此推杯论盏，谈笑风生，像是什么都没有发生过。鲁桓公以为不过是寻常应酬而已，那些龌龊的事谁也说不出口，也不必再说；两国至少还要维持表面上的友好。

宴席之后，齐襄公让公子彭生送鲁桓公回去。美酒上头的鲁桓公昏昏然坐于车中，车至半道，忽而停下。他正觉得奇怪，抬头，方才那个殷勤的人已经变了个模样。

那是一张杀人的脸。

鲁桓公死了。死得窝囊，死得憋屈，死得远比他的兄长鲁隐公更然让鲁人蒙羞。但鲁人所蒙的羞辱不止于此。

国君死了，所有人都知道凶手是谁。可是鲁国不仅不敢讨伐，甚至连口头的谴责都没有。只是派遣使者到齐国，言辞卑下：请求能将彭生治罪，否则既无法向国内民众交待，也无法向其他诸侯国解释。

于是，齐国就杀了彭生作为替罪羊，这事不了了之。

| 二、文姜 |

这大概是鲁国立国以来最为屈辱的一段岁月。

年仅十余岁的鲁庄公继位后，面对的是这样一个局面：父亲鲁桓公被人谋害，凶手却未受制裁；母亲文姜留滞凶手的国家不归，成为了笑话；现在丧期未过，他却不得不为仇人继续操办婚礼。

杀了公子彭生，可勉强为鲁桓公之死遮羞；将王姬嫁往齐国，算是完成了未竟的婚约；只是文姜归国，则迟迟没能兑现，终究不成礼数。

于是，就派人前去迎接。

文姜不想回鲁国了。她不敢也不愿。

鲁桓公一死，她自然也被推到了风口浪尖。

她不在乎自己的风流韵事被当作茶余饭后的谈资，那是她的生活，她的自由；但现在涉及了一国之君的性命，以及一个国家的颜面，她不能不顾忌。所以送鲁桓公回国安葬后不久，她又以最快的速度回到了齐国。

鲁国上下，看着她，像看着一个仇人——而事实上，也确实是仇人，连她自己都无法为自己声辩清白；这些人当然奈何不了她，但是压力并不会因此而消失。与其如此，还不如留在齐国。熟悉的地方，熟悉的兄长齐襄公，生活多么自在，何必回去听那些口舌呢？

但使者来了，自己不能不回去。文姜跟着使者，步步迟疑，走到齐鲁之交时，终于下定了决心。她不愿再走了。她可以预见回到鲁国后的生活，那将是多么无味；而她明明可以有更好的选择。

　　鲁桓公死了，但她的生活还要继续。她还要鲜活地活着。况且，她的心上人，在齐国。

　　齐襄公心领神会，马上派人在这个地方修筑了宫殿，供她安歇。他所迎娶的王姬去世后，两人更是频繁往来不避人言。鲁国又能奈他们何？

　　如果文姜的人生到此为止，那么她也许就是一个纯粹的淫娃荡妇，一个纵情于肉体欢愉而不顾其余的自私之人。

　　后世文人对她的讥讽与斥责也多在于此。汉代的《烈女传》，将身为国君夫人的文姜放入了《孽嬖①传》；明代冯梦龙在《东周列国志》中写到她的时候，称其"妖淫成性"。

　　但历史给了文姜证明自己的机会。她在人生的后半段历程中，彰显了自己身上的光彩。

　　这是一个漫长的过程，从《左传》上对她不同时期的用词就可看出端倪：

　　庄公元年（前693），她在鲁桓公入葬后奔齐，春

---

　　① 孽嬖（niè bì），宠妾之意。

秋经上只称"夫人"不称"姜氏",《左传》的解释是：不称姜氏，绝不为亲——庄公与其断绝了母子关系。言辞最为激烈。

其后几年，一再提及她与襄公相会之事，列举详细的时间和地点。《左传》的解释是：书，奸也。鲁人愤懑地揭露着这段奸情，加以抨击。但称呼回到了"夫人姜氏"，虽然依然对立，但似有缓解。

而当庄公二十一年（前673），文姜去世时，书以"夫人姜氏薨"，一个"薨"字又给予了她最后的尊重与体面。

鲁人态度的转变，在于他们发觉，在乱伦与纵欲之外，还有另外一个文姜，一个才干过人、游刃于各国之间的政治家。

也许这就是她与齐襄公的契合之处。作为齐国的公子，耳濡目染之间，她也培养起了自己的政治格局与抱负。只可惜她是女儿身，而齐襄公给了她参与政治的可能。

庄公五年（前689），"夫人姜氏如齐师"，她公开参与到了齐国的政治军事活动之中。

同年，鲁国参加了齐国为首的对卫国的战役。也是在文姜的请求下，齐国将此次战役中所获的卫国宝器赠送给了鲁国以示好。她在努力协调两国的关系。

即便在齐襄公去世后，史书上也能看到她的身影。鲁庄公十九年与庄公二十年，文姜两次前往鲁国的邻国莒国。此时齐襄公已经去世，距离她嫁往鲁国也已经过去了三十多年，她不年轻了。后人猜测，她是在为鲁国的外交而奔走。

只是，淫乱已成为了她无法摆脱的标签，她的风流之事甚至入了《诗经》。《诗经·齐风·敝笱》中写道：

> 敝笱在梁，其鱼鲂鳏。齐子归止，其从如云。
> 敝笱在梁，其鱼鲂鱮。齐子归止，其从如雨。
> 敝笱在梁，其鱼唯唯。齐子归止，其从如水。

水坝上一个破漏的鱼篓子，怎么能束缚住鱼儿不任其自由往来呢？文姜回齐国，声势何等浩大。如果说她是那条从心所欲的鱼，那么那个破烂无用的鱼篓子，难道不是弱而无力的鲁国吗？

这段情感纠葛自然不足称道，而文姜似乎也并不以此为意。对于自己冒天下之大不韪而仍然滞留齐国将引起的非议，她也早已有了心理准备，所以坦然处之。

她这一生罪责赫然，功勋却是幽微难显。

对她而言，可为安慰的，或许是鲁国最终还是承认了她为夫人，并且还将"文"字作为了她的谥号，以作为对她才能的肯定。是的，不同于其他以夫君谥号冠名的大多数女子，她拥有自己的谥号。而如同这一谥号所暗示的，鲁桓公在她的生命中，依然是没有存在感的那一个。

｜三、齐襄公｜

与鲁桓公相比，齐襄公对文姜而言要重要得多。

从某种意义上说，齐襄公和郑太子忽是同一类人，也许这就是他们都能得到文姜欣赏的原因。

不同于有些懦弱的鲁桓公，这两个人都有强大的国家为后盾，同时还有着随之而生的强势个性。他们一样的嚣张而任性，一样的热爱征战与胜利，一样的在每一次胜利之后被簇拥在光环之下。对于仇敌，太子忽睚眦必报，而齐襄公更是不遑多让。

近两千年后，公元1206年，南宋北伐，一篇《讨金檄文》横空出世。行文慷慨激昂，振聋发聩，其中一句"齐君复仇，上通九世"，令万千有志之士热血沸腾。这个齐君指的就是齐襄公。他所复之仇，远溯至西周时。

公元前868年，因纪侯在周王面前进谗言，齐哀公被烹杀。齐纪两国自此势成水火。

齐襄公即位后，与纪国交好的鲁桓公曾试图调停两国的关系，却以失败告终。为此，齐军亦不时侵扰鲁国的边疆。也是在这一背景下，鲁桓公在齐国被害。同年，襄公又因自己还是公子时结下的旧怨，在会盟中杀害了郑昭公与郑厉公的弟弟、郑国的国君子亹。

此次会盟，大夫祭仲察觉凶险，劝谏子亹不要前往；但子亹并没有听从，他认为彼时他的兄长郑厉公突流亡在外，如果不出席，那么齐宋等国很有可能以此为借口讨伐自己而纳厉公。而这一去，果如祭仲所言。不仅他被杀，随他同行的高渠弥——杀害郑昭公的凶手——也被车裂而死。只有祭仲称病不往，得以保全。

此后，齐国继续紧逼纪国，先是迁走纪国三地居民占有土地，而后纪侯的弟弟纪季投降，其邑成为齐国附庸。这期间鲁国还在竭力周旋想保存纪国，并试图拉入郑国一同出力，只是郑国此时正陷在"公子五争"的内乱里，根本无暇顾及。庄公四年（前690），自知大势已去的纪侯，将国家交给了纪季，自己出逃。纪国自此灭亡。

连杀两君，又灭一国，齐襄公个性之强硬，手段之狠辣，赫然可见。

而这样傲慢强横的齐襄公，却因一件本无足轻重之事，断送了性命。

某一年，到了食瓜的季节。这个瓜究竟是什么瓜，已不可知，但食瓜的季节，大概天气已渐炎热了。齐襄公派遣了两位大夫，连称和管至父，去戍守偏远之地葵丘，并答应到第二年瓜熟了的时候，派人去替他们的班，"及瓜而代"这个典故正是由此而来。

然而转眼到了第二年，二人翘首以盼，替换之人却踪影却无。显然，齐襄公已忘了这件事了，又或者，只是想让他们多受罪罢了。连称和管至父深感被骗，怒火中烧，决意向襄公讨个说法。而正在此时，最适合的盟友出现了——公孙无知。

公孙无知是齐襄公的堂兄弟，二人宿怨颇深。襄公的父亲僖公在位时，特别宠爱公孙无知，给他的各种待遇，包括服饰、俸禄等都不亚于襄公。而二人自小就多有争执和冲突。齐襄公即位后，公孙无知的处境也就可想而知了。

双方一拍即合。他们通过连称的堂妹打探到了襄公的行程——他的堂妹在襄公的后宫之中，却并不得宠。公孙无知许诺，事成之后，将立她为国君夫人。

庄公八年（前686），齐襄公出猎。他历经了人生中最为诡异的一天，因为一个早该被遗忘的名字忽然再次被提及。

狩猎途中，忽从林中冒出来一只大野猪，奔襄公而来。一旁侍从惊呼，这是公子彭生啊！——那个杀了鲁桓公而后又被处死的替罪羊。他临死前曾诅咒襄公："死而有知，必为妖孽，以取尔命！"

难道诅咒真的要降临了吗？齐襄公心中一阵恶寒，张皇之下，顺手拿起弓箭就射，可不仅没射中，反而被野猪的啼叫声吓得从车上掉了下来，左腿受伤，鞋子掉落，狼狈而还。

夜半，齐襄公疼痛难眠，起身发现鞋子不见了，就问一个叫费的内侍，费说被那只大野猪叼走了。再次提及此事，襄公大为恼怒，亲自执鞭狠狠地抽打费的脊背。

费的背上满是血痕。一出门，就碰上了前来寻仇的连称等人，接着被捆了起来被逼问襄公的下落。费得知了他们的来意，就展示了自己的伤口，表示自己也对襄公心存怨怼，愿意作为内应。

然而费实在是个忠心的下人，他非但没有因此背叛齐襄公，反而立即向他通报了这场叛乱。仓促之下，决定让齐襄公躲起来，而由另一个侍从假扮他卧在床上，而后费与其他人一起抵挡叛乱者。

可寡不敌众，费等忠侍一一被杀，连称也认出卧在床上的并非是齐襄公。最后在门槛下发现了一只鞋子，打开门，发现了齐襄公。齐襄公就此毙命。那只鞋子正是他白天丢失的，以为被大猪叼走的那只。

这是一个魔幻的故事。此时距离他的妹夫鲁桓公被害，还不到十年。

齐襄公的悲剧，其实早有人预见了。这个人就是鲍叔牙。

他看着混乱失序的朝局，曾无奈地叹息道："国君放纵，百姓懈怠，祸乱将要发生了。"

齐襄公死后，齐国陷入内乱，机警的鲍叔牙侍奉着公子小白前往莒国避乱。但是无需太长时间，他们就将重回故国，而齐国历史上最伟大的时代，乃至整个春秋时期最辉煌的功业，都将由他们来达成。

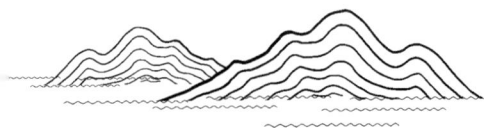

二子同舟
——一点手足的温情，一场亲情的阴谋

《左传·桓公十六年》（卫太子伋）："弃父之命，恶用子矣！有无父之国则可也。"

鲁桓公死前两年，即桓公十六年（前696），卫国发生了一场内乱。

内乱，始自一场惨剧——两个年轻人因为至亲之人的政治阴谋付出了生命的代价。而倾心栽培他们的两位老师，决定以这样的方式来复仇。

从惨剧的发生，到内乱的平定，始终贯穿着一个齐国女子的身影。似乎这一切，都是因她的姻缘而起。

| 一、宣姜 |

卫国，新台。

夜色深了，江水之声渐渐浓了起来。那是黄河的水在不安地涌动。空旷的高楼，红烛昏暗。宣姜想起出嫁时的情形，恍如隔世。

她是齐僖公的女儿。离开齐国，踏上前往卫国道路时，她还憧憬着一段美好的姻缘。太子伋，卫国年轻的储君，可算得上是她的良配吧？可现在，只有凉风在空空荡荡的宫殿里穿行。

年轻的公子不见了，被支使去了别的国家。即便他在这里又能如何呢，他敢反抗自己的父亲、卫国的君主吗？不过是加倍的羞辱罢了。从她踏上这块土地，从卫宣公相中她的那一刻起，她与太子的婚约就化为了乌有。

新台，这座高大而华美的宫殿，是卫宣公专门为她而建的。黄河之畔，平地起高楼；不远处，河水汤汤，一去万里。这景象，应该是壮观得很。从齐国到卫国，她一路走来听惯了黄河水声，却不想，此后余生，都将与它为伴。

该入睡了，可她的心悸动着，还在挣扎。太子，是一场未开始就已终结的旧梦，未必值得留恋；可如今，她真真切切地经历着一场噩梦。她所在的新台，就是噩梦的化身。

这份宣公送她的礼物，是华丽的囚笼，更是卫人取笑她的话柄。流言已经传开，从齐国嫁过来的公子，成了一个笑话。《诗经·邶风·新台》中写道：

新台有泚，河水弥弥。燕婉之求，籧篨不鲜。
新台有洒，河水浼浼。燕婉之求，籧篨不殄。
鱼网之设，鸿则离之。燕婉之求，得此戚施。①

年轻的公子被替换成了垂暮之人，身体僵直，似乎连俯身都做不到；被替换成了戚施——那只丑陋的癞蛤蟆。老而弥丑的卫宣公可不是只癞蛤蟆吗？躲在阴暗之处，贪恋着美色，贪恋着年轻鲜活的生命，贪恋着本不

————————

① 籧篨（qú chú）：蟾蜍、癞蛤蟆一类的东西。戚施，蛤蟆。

属于他的儿子的新妇。

世事无常。可是，卫宣公固然寡廉鲜耻，那陪伴在这只癞蛤蟆身边的自己又算是什么呢？旁人即便抱有同情与惋惜，在她看来也如同嘲讽一样，令她无法忍受。弱者才需要仰仗他人的庇护，而这是最不适合齐国女儿的角色——况且，她本就不是为了爱情才嫁到这里的。

权势，她嫁到这里原本就是一场权势的合谋。

宣姜很快清醒了过来。她的血液里，流淌着齐国先祖的谋略与胆识。是的，她代表的是齐国，是齐国在春秋这块版图上的势力。只不过这场政治联姻的对象从太子变成了国君而已。

既然失去的无法挽回，既然残缺的无法修补，那么自己总该得到些什么才对；既然青春、爱情都被夺走，那么夺走这些的权力，总该回赠给她些什么。

新台之上这些难熬的日日夜夜里，宣姜清醒了：她的痛苦是权力带来的；要摆脱这份痛苦，唯有把权力掌握在自己手中。

| 二、夷姜 |

在宣姜辗转难眠的长夜里，同样夜不能寐的，还有太子伋的母亲夷姜。

卫宣公初见这个来自齐国的女子那日，从他热忱的眼神里，夷姜就察觉到了威胁；当新台在黄河北岸破土动工，她心中的不安与日俱增。这样的事，宣公并不是第一次做。在宣姜到来之前，最得卫宣公宠爱的，是她——其父卫庄公的妾侍。

卫宣公之所以能继位，纯属侥幸。

在卫庄公的众位公子之中，他才干平庸，并无特别之处。他的兄长公子完，是众望所归的太子；另一个公子州吁，最得卫庄公的宠爱；而他，并没有什么存在感。当太子与州吁为君王之位相互角逐之时，他的心思却放在了夷姜身上，暗地里与之私通，还生下了一个孩子。而后，他又作为人质被送往了北方的邻国邢国，在本国更无根基。

然而戏剧性的事件发生了。卫庄公去世后，州吁作乱，弑杀了已继位的兄长后自立，但很快又被卫国的大臣诛杀。最接近权力核心的完与州吁都死了，彼时身在邢国尚是公子的卫宣公（公子晋），远离着国内的动乱与纷争，反而得以保全性命，成了最后的赢家。被迎接回国时，等待他的是一个被清扫了障碍的君王之位。随后夷姜顺利被立为夫人，而他们的孩子，就是宣姜原本要嫁的太子伋。

是的，夷姜拥有过好时候，只是，已经永远地过去了。人生的悲喜，原来得到与失去都这么轻易。一度，她以为自己此生将永远这般得意，宣公立她为夫人，立他们所生的儿子为太子，世间女子，有几个能拥有这样的荣耀？而且对太子伋，宣公向来是满意的，将他交托给了自己信任的弟弟右公子栽培；在他长成之后，还筹备为他迎娶齐国国君的女儿……而事情也正是从这个时候开始变得诡谲的。

齐僖公的女儿，偏偏被卫宣公收入了宫中……夷姜知道自己已经不算年轻了；而宣姜，年轻貌美，身后又有强盛的母国为倚靠。在她的光芒之下，自己可立足之处将越来越小。

她告诫自己要忍耐，至少自己的儿子是太子，卫国的未来站在自己这一边。花团锦簇的日子虽然过去了，但夷姜凭借这一线微亮的希望强撑着自己。只是很快，连这线微亮也黯淡了下去——宣姜连着生下了两个儿子。更危险的信号来自卫宣公其后的安排：宣姜所生的长子，公子寿，被托付给了宣公的另一个弟弟左公子。这意味着什么，再赫然不过了。

夷姜绝望了。眼前发生的事太熟悉了，宣姜走的每一步，都像是她从前走的路。乱伦，盛宠，子以母贵。她了解卫宣公，这是一个色令智昏的人，他当年能为自己做的事，同样可以为宣姜做。宣姜在走自己走过的路，不，应该说宣姜现在踏上的就是她所在的路，而且正步步逼近：宣姜声势日炽，而自己色衰爱弛。

她唯一放不下的，是太子伋。他被夺走了妻子，现在即将没有母亲，将来又会失去什么呢？她不敢细想。她陷在尢边的寒冷之中，不敢面对即将到来的可怕命运。

山雨欲来，她选择了将生命付与三尺白绫。

| 三、太子伋 |

夷姜的预感没有错，太子伋的处境一天天变得更加险恶而艰难。宣姜、宣姜的次子朔，甚至他的父亲卫宣公，都站在了他的敌对面。

伋是个老实人，在宣姜看来，大概是那种老实而无用的人。当年卫宣公强占他的妻子，他没有出声；后来卫宣公命他另娶，他默然顺从；他的母亲死了，他也只是暗自垂泪，不敢多有怨言。他恪守着身为人子、人臣的本分，但他的老实恭顺并不能使他免于被算计。

宣姜并不恨伋。只是与权力周旋久了，再看伋，只觉得单纯得可厌。他那么清白而无辜，占据着身为受害者的道德高地；可是自己，尽管当初和他一样身不由己，却已及时地进入了新角色。把权力攥在自己手里，才能令她心安。这样的自己，在他看来是可鄙的吧？可那又如何，这是她能为自己找的最好的出路。只是，宣公百年之后，当太子变为了国君，自己又该如何自处呢？

匹夫无罪，怀璧其罪。国君只能有一位，储君自然也只能有一位。太子伋的存在本身就是妨碍。

与她的想法不谋而合的，还有她的次子朔。朔是个野心勃勃的人，随着年龄的增大，他机敏地察觉到了这份暗潮涌动，时常跑去卫宣公面前诉说自己的担忧，言辞之间不无指向太子伋：这位兄长对旧事多有怨言，且城府很深，若是他当上了国君，不知道母亲和自己会是怎样的下场。

夺妻之恨与丧母之痛，伋真的不在意吗？再看这位太子，卫宣公心底的暗疾被触动了。伋的存在，时时提醒着他当年的那桩龌龊之事。这毕竟不是一件光彩的事；伋的母亲又以自缢的方式自绝于自己，伋恭顺的外表之下，难道不会藏有怨怼之心吗？自己正渐渐老去，而伋却一天天成长了起来。此消彼长，卫宣公感受到了威胁。

如果能废黜他就好了。可是凭什么废黜呢？在朝臣们看来，伋成熟稳重，进退有度，毫无过错，况且，还有右公子的鼎力支持。

不如效仿州吁？卫宣公猛然想起了那个弑君自立的前任君主。只要伋死了，就不必那么麻烦了。这个念头一旦冒出来，就再也按不下去了。

当然，这些只能在暗中进行，他知道自己手上即将沾染的鲜血是见不得人的。

｜四、公子寿｜

很快，太子伋的生命走到了尽头。

这日，卫宣公召见伋，命以出使齐国的任务。伋领命而退，并不知道他的父亲早已在路途中铺下了死亡的陷阱。

临行，得知了内幕的寿急急地来找他："这是一场阴谋，你千万不要去！不如赶紧逃亡吧！"

寿是宣姜所生的长子，与为了权力不折手段的弟弟朔不同，他性情温和宽厚。尽管与太子伋相差十几岁，两人却是意外的契合。也许是因为他们分别在左公子与右公子教导下成长，而左右两位公子又是彼此欣赏的兄弟，兄弟间的情谊传到了他们二人身上，伋与寿也成为了相知相惜的好兄弟。这样的情谊，又岂是区区一个君主之位可以比拟的？可纵然如此，宫廷的争斗并不会因此而消弭，而放过他们。

得知真相的伋如坠冰窖，但看着寿忧心如焚的模样，心中又升起了一股暖意。他冷静了下来，说：

"若是不听从父亲的命令，我还算什么儿子呢？这样的人又能逃往哪里，除非世上存在一个没有父亲的国家。"

自然，世上并没有这样的国家，他逃得再远，也逃不开自己身上牵绊的父子伦常。哀莫大于心死，心死了，身体的死亡又算得了什么呢？这些年，宣公对他的倚重早就变成了疏离，身边的热闹也早已退去。只是自己还时常留恋着宣姜到来前父慈子孝的那些回忆，哪怕是幻觉也好。可现在，连这幻觉也破碎了，他终于看清了，原来自己一直踩在荆棘上，鲜血淋漓。他感到了痛。

这样也好，就让父亲得偿所愿吧，就让一切就此终结吧。他拒绝了寿的提议。

"那至少，请允许我为兄长饯行。"寿郑重地提出了最后的请求。

饯行宴上，寿频频为伋斟酒。此去一为别，天涯不复见。

伋一杯接着一杯，很快醉倒，不省人事。多年来的压抑与小心，郁积在胸口，如今终于可以借酒放纵一回了……不知过了多久，他从醉酒中醒来，却不见寿的身影，一同不见了的还有白旄——那是使节的象征。

一问，寿竟然带着白旄向着齐国的方向出发了。伋心知不妙，慌忙前去追赶，但已经来不及了。在齐卫两国交界之处，在荒野清冷的道路上，他见到的是倒在血泊里的那个年轻人。埋伏于途中的盗贼一见白旄，就将寿当成了雇主买命的对象。

万般苍凉笼在伋的心头。耳边黄河水声涛涛。当年宣姜就是踏着这条路来到卫国的，如今她已经是夫人了，而自己依旧还是一个徒有其名的太子。她可曾想到自己的爱子竟然会以这种方式倒在去往她母国的路上？

寿还这么年轻，还有大好的前途，而自己只是一个被父亲、被家国抛弃的人。他不该这么做的。

伋抬头看向错愕的贼人，心如死灰："求死的是我，太子伋是我，你们要杀的人也是我。我的弟弟寿有何罪过要遭此劫难啊。你们不妨也杀了我吧！"

他也倒下了，倒在了弟弟寿的尸身上。

死讯传到卫国，卫人哀伤不已，为他们写下了《二子乘舟》的诗歌，收录于《诗经·邶风》之中：

二子乘舟，泛泛其景。愿言思子，中心养养！
二子乘舟，泛泛其逝。愿言思子，不瑕有害！

他们多么希望，死神放过了这两位心怀美好的年轻人。但愿这两位公子只是乘舟远去了，但愿他们远离灾祸，但愿勾心斗角的政治纷争不会再打扰他们。

五、公子朔

太子伋与寿都死了，不知道宣姜的内心是否有过触动。但毫无疑问，朔是得意的，他除去了两个政治对手，如愿以偿地被立为了太子。

桓公十二年（前700），卫宣公去世，朔继位。卫国迎来了卫惠公的时代。然而宣姜的日子并没有因此而得到平静。

有两个人始终对惠公暗藏敌意——左、右二公子。在自己爱护下长大，由自己亲手栽培的年轻人，竟然死于这样的阴谋算计。他们心中不忿，这不忿悄然滋长着，蓄积着力量，等待着时机。

卫惠公继位四年后，二公子起兵作乱，立太子伋同母弟公子黔牟为君。卫惠公出逃，寻求齐国——宣姜的母国的庇护。

这时的齐国，齐襄公刚刚继位。齐襄公是一个对妹妹极为宠溺的兄长，也是一个睚眦必报的君主。齐卫的联姻，原本就是政治交易，下一任卫君的人选，自然也涉及齐国利益。所以一收到卫惠公的求助讯息，他就预备着帮他把君位夺回来。

一同出力的还有鲁国。宣姜与文姜为姐妹，鲁桓公与卫宣公为连襟，自然不能袖手旁观，何况还有齐国在旁鼓动。

接下来的几年里，卫国陷入了无休止的苦战之中。黄河之畔，一个又一个将士的生命灰飞烟灭，而吞噬了这些生命的，不是急切的黄河之水，而是当年宣公对美色的贪念，也是宣姜与朔对权力的贪恋。

政治斗争的胜利，总是强权的胜利。

庄公六年（前688），齐襄公带着诸侯联军讨伐卫国，二公子被杀，黔牟被放逐到成周，惠公成功复位。

一切似乎尘埃落定，其实依然暗潮涌动。那些支持二公子的人、支持太子伋的人，依然占据着卫国的朝堂，只是迫于齐国的强权，不得不暂时克制而已。

还是需要一条纽带来平衡双方的势力。齐襄公想到了宣姜。宣公死了，可是自己的妹妹还不算老。为了巩固齐国在卫国的影响力，襄公决定让她再嫁，而再嫁的对象是太子伋的同胞弟弟公子顽。

公子顽最初是抗拒的，这段关系太过错综复杂。但最后迫于形势，他还是屈从了。在政治博弈面前，无论是男性还是女性，都有成为筹码的不得已。

他们的婚后生活应该是和谐的，宣姜生下了子女五人，其中就有著名的女诗人许穆夫人，她从宣姜那里继承了齐国强大的政治基因。当卫国后来遭遇了国破君亡的大劫时，她身在他乡却肩负起了复兴卫国的重任。当然这都是后话了。

黄河依旧一去万里，绕过新台，蜿蜒向东，通往齐国。

宣姜的心终于平静了下来。虽然兜兜转转，但命运终归对自己不薄。她肩负着齐国联姻的使命嫁到卫国，而齐国也没有抛弃她，给了她一个圆满的后半生。

只是在这圆满的后半生里，不知她是否会想起那些葬身在战火中的将士们；是否会想起有两个无辜的年轻人，曾因她的野心葬身在黄河水畔；是否会想起最初，她是怀着怎样忐忑的心情以及对未来的期许，踏上到这个国家来的道路的。

新台还在，黄河涛声依旧。只是那两个年轻人不会再回来了，正如当年的那个少女，只有残影可供凭吊。

懿公好鹤
——卫文公，如何重建一个国家

《左传·闵公二年》国人受甲者皆曰："使鹤，鹤实有禄位，余焉能战！"

闵公二年（前660），冬夜，黄河边上寒风萧瑟，更为萧瑟惨淡的是卫国百姓的处境。这一日，狄人攻破了他们的都城，国破家亡，他们不得不背井离乡，逃亡异国。

月黑风高，喧嚣的人群在湍急的黄河水声中渐渐安静了下来。他们的眼泪早已流干，只有无言悲戚。前方是哪里，他们不知道。他们只知道身后的家园再也回不去了。

那里，也是卫懿公的坟墓。

一、亡卫

卫懿公，是这场惨败的罪魁祸首。

作为卫惠公的儿子，也许是君主之位得来太容易，他并没有继承他父亲的阴鸷与心机，而只是耽于玩乐。国家大事、民间疾苦，这些事都太复杂太累，所以他避而不谈。

他喜欢的是闲适，是享受，而他最享受的，便是与白鹤们待在一起。这漂亮的飞禽，有着修长的脖子、洁白的翅膀、挺立的双足，如此优雅脱俗。只是看着它们，懿公都觉得飘飘欲仙。他为这些鹤投入了全部的心力，不仅派了专人伺候，连它们的出行都配有特定的车辇。

他沉浸于白鹤的世界里。外面的世界，那些辛苦耕作的人，驻守边疆的人，都不是他所关心的。那些人存在的意义，或许只在于供养这些白鹤。

直到听闻狄人前来攻打的消息，他才终于想起自己是一国之君，想起自己这花团锦簇的日子并非安然无虞。他慌忙地召集将士们，将士们却士气低迷，消极懈怠：

不如让你养的鹤去对付吧，俸禄爵位不是都给了那些鹤吗？我们能打什么仗呢？

再看那些白鹤，依然端庄优雅，振翅欲飞。它们可以飞走，可是自己不行啊。卫懿公终于有些清醒了。若国家没了，自己将什么都不是了，连那些白鹤都会离自己而去。这一次，他决定像个真正的国君那样承担起责任。

卫懿公做了最后的安排：亲手将佩玉和箭这两件代表礼仪与武力的物件交给两位士大夫，郑重地将国都托付给了他们；将绣衣交给夫人，嘱咐她一切听从两位士大夫的。而后，自己义无反顾地率军迎面出击，冲向那群穷凶极恶的虎狼之师。

结果并不意外，卫人败了，卫懿公战死沙场。

他活着的时候不似人君，死亡给了他最后的尊严。

消息传回都城，两位大夫知道国家已经无法守住，只好连夜带着百姓们逃亡。一边逃亡，一边警惕着追兵。狄人一直追杀到了黄河边上。

汹涌的黄河成了安全的屏障。黄河对岸，宋桓公正在派人接应。

卫宣姜与昭伯所生的诸多儿女中，有一位嫁给了宋桓公，成了桓公夫人，并生下了宋襄公。现在，是发挥联姻价值的时候了。宋人不辞辛劳地帮助卫人渡河，帮忙安顿其生活。

而宣姜与昭伯的另一位女儿许穆夫人，则在此背景下写下了著名的爱国诗篇《诗经·鄘风·载驰》：

载驰载驱，归唁卫候。驱马悠悠，言至于漕。

大夫跋涉，我心则忧。既不我嘉，不能旋反。

视尔不臧，我思不远。既不我嘉，不能旋济。

视尔不臧，我思不閟。陟彼阿丘，言采其蝱。

女子善怀，亦各有行。许人尤之，众稚且狂。

我行其野，芃芃其麦。控于大邦，谁因谁极。

大夫君子，无我有尤。百尔所思，不如我所之。

母国国君战死，宗国颠覆，国人流离失所，而自己所在的许国囿于力小而不敢出兵。想到此，许穆夫人忧心如焚。她欲策马回国，又被阻止。百转千回之间，她只能诉诸笔墨。

这首诗触动了当时的霸主齐桓公。卫人因夷狄的侵犯而流离失所，这是中原诸侯国的耻辱，作为霸主的齐桓公怎能袖手旁观。

| 二、存卫 |

卫懿公死后，当务之急是立新君。

宣姜与昭伯之子戴公先被立为君，但他没能扛过这一路的颠沛流离，很快离世。而后，齐桓公把出居在齐国的另一个公子送了回来，也就是卫文公。此前卫懿公在位时，国内民怨沸腾，当时尚为公子的卫文公恐生变乱，因此才离开卫国。

齐桓公不仅派兵保护卫人，还送了他们大量的礼物，后来更是"封卫于楚丘"，帮助卫国重建家园。此一举措，为他博取了诸侯各国的敬重，威信大增，卫国更是唯桓公马首是瞻。

幸运的是，重建后的卫国迎来了一个明君。不同于好逸恶劳的卫懿公，历经了战乱，又遭遇了国破家亡的卫文公更懂得治国理政责任之重大。他身体力行，自己衣着简朴，带动民众吃苦耐劳，一起投入重建之中。"务材训农，通商惠工，敬教劝学，授方任能"，一切井井有条。在其治理下，卫国很快展现出了欣欣向荣之势。

当然，亡国之痛日日笼罩在新生的卫国土地上，而这也成了他们发奋的动力。卫文公尤其重视对军事的投入，继位时，战车仅三十辆，晚年就扩充到了三百辆，构筑起了完备的军事力量。在此后的岁月里，卫国还频繁地跟随齐国出征，几乎在齐国发起的所有的战争中都能看到卫军的身影。

而卫军征战中最大的功绩，是灭掉了邢国。

邢国与卫国都是姬姓封国，属于同宗。中原诸侯国声称是兄弟，而这样同宗的国家本该更为亲近。但事实上，关系颇为复杂。

邢国在卫国的北边，一直处在抗击戎狄的前线。在卫国被戎狄攻破、重新立国的差不多同一时期，不堪戎狄侵扰的邢国也在齐桓公的帮助下迁往了他处。

史书赞扬桓公此举："邢迁如归，卫国忘亡。"两国的安定，得益于齐桓公霸业的庇护。这也是齐桓公去世之后，其霸业依然为人所怀念的原因之一。

但是因为邢、卫两国相邻，疆界不明，矛盾很快就出现了。早期因为齐桓公的调停，彼此还有所克制；十多年后，随着齐桓公的去世，两国的关系很快就紧张了起来。

僖公十七年（前643），齐桓公去世，齐国内乱。次年，卫国在宋襄公的带领下出兵帮助齐国平定内乱。

而就在同一年，邢国联合了狄人奔着卫国气势汹汹而来。

僖公十八年（前642），距离卫国重建之日已过去了十八年，这十八年里，追随着齐国的步伐，卫国取得了一场又一场的胜利，灭国之痛似乎随着岁月的流逝而被淡化。然而现在，那种兵临城下的压迫感又回来了，熟悉的恐惧感再度笼罩着这个国家。铁骑向着都城逼近，卫国又一次被置于存亡之境。

卫文公知道，这次不能再退缩了。

懦弱与逃避只会助长敌人的气焰，增长它们的野心，加速自己的毁灭。这一次的来袭，何尝不是十多年前的那场战争给了狄人信心呢？况且这一次，中原再无霸主，卫国退无可退。

他召集众人，冷静道："谁若有能力击退邢狄保住卫国，我愿让出国君之位听命于他。"

众人明白，眼前的这个国君不是那个散漫无章只爱白鹤的懿公。现在的这个家园，是他带领着他们一起建设的，多年的辛苦经营怎么可能轻易拱手让人？

他们齐声高呼："愿随国君共进退！"这是他们的国家，所以愿意誓死守护。

这是一个新生的国家，有强大凝聚力，而这份凝聚力也让战斗力得到了最大程度的发挥。士气震慑了敌军。在意识到若要攻克卫国，必将付出惨重代价之后，敌军心怯了。他们只想来耀武扬威并捞一些好处，并不想要苦战。

敌人撤退了。

三、兴卫

这场胜利，是对卫国这近二十年来所有努力的检验。

但这还不够，还不足以打消敌人的进犯之心。卫文公知道，邢国若在，卫人将不得安宁。只有除去这个隐患，卫国才能不受制于人。而打败邢国，并非不可能——邢狄联军的撤退，不正说明了其实力并非强悍到不可战胜吗？

很快，卫国就发动了反击。战争的次年，卫国出兵邢国以为报复。邢国节节败退，便找寻齐国及狄人，与之结成了联盟。然而这更坚定了卫国灭邢的决心。只是这个联盟的存在，大大增加了卫国的进攻难度。

这时，一个叫礼至的大夫站出来，献言道："不得其守，国不可得也。"

他认为若是邢国内部有我方的人配合，撕开他们防御力量的缺口，那么要收兑就会容易得多。随之举荐了他的两位兄弟去做这份间谍工作。

卫文公同意了。接着，礼至的这两位兄弟就肩负着这个秘密任务，踏上了前往敌国的道路。他们似乎天生就是干这个的料，毫无悬念地就赢得了负责防守的邢国正卿国子的信任。

一年之后的春天，做好了充足准备的卫国再次发兵讨伐邢国。这一次，是终结之战。

僖公二十五年（前635）的春天，得知卫兵来袭的国子紧张地在城墙上巡守，始料未及的是，他突然被两个人从身后抱住，并抛下了城墙，立时毙命。这两人正是处心积虑潜伏在他身边的礼至的兄弟。

一切都发生得太突然了。遭此变故，守城的邢国军队军心动摇，陷入了混乱之中。城门随之被攻破，邢国灭亡。

至此，卫文公完成了他一生中最为耀眼的功绩。数月后，安然去世。

卫国置之死地而后生，卫文公则堪称贤君典范，尤其是在卫懿公的反衬之下：好鹤的懿公足以亡国，而勤勉的文公则能令其再焕生机。他带着卫人筚路蓝缕重建家园；而后又以强硬的手腕消灭了宿敌邢国，通过东征西战令卫国摆脱了颓靡、衰弱、被压制的形象，最终成为一个展露锋芒、令他国不敢轻易来犯的国家。

他唯一的失误或许在于，当一个晋国的公子因内乱流落到卫国时，自己没能将他放在眼里，轻慢以待。他不知道，眼前的这个公子，将继承齐桓公的衣钵，成为春秋时代的第二位霸主。

就在卫人庆贺灭邢国功业的同一年，公子重耳回国，成为了晋文公。此后，晋国多番对卫国施加压力，不仅割其地给邻国宋国，甚至还试图毒杀其国君。直到卫国完全顺服。

是的，卫国的看似强大，只是与它的过去比较，与那些和它体量相似的诸侯国比较。而其振兴也是昙花一现。虽然这个国家一直存活到秦二世时才灭亡，但是卫文公之后，国运急转直下。此后的存活，不过是夹杂在大国之间的苟延残喘而已。

所幸，卫文公离世得正是时候，不必见证后来这残酷的一切。

庆父之难
——野心家的悲剧，在于权力的可望不可即

《左传·闵公元年》（齐国仲孙湫）："不去庆父，鲁难未已。"

闵公元年（前661），齐国大夫仲孙湫奉齐桓公之命前往鲁国。

鲁国刚刚经历了一场内乱，前路昏暗不明。作为有姻亲之好的邻国，齐国名义上是去慰问，但其真正目的却是去打探虚实：眼下，是否是进攻鲁国的好时机？

令鲁国臣服，一直以来都是盘旋于齐桓公脑海中的想法。他的即位，就是在与鲁国的争斗中艰难完成的；此后，他更是对这个国家虎视眈眈。

只是，鲁国这块骨头比他想象中更为强硬，所以一

直未能啃下。那么，现在呢？

齐桓公似乎看到了希望。

| 一、齐桓公的霸业 |

齐桓公与鲁国，或者说是与鲁庄公的矛盾，在他还未即位时就种下了。

庄公八年（前686），齐襄公为公子无亏所杀后，齐国陷入内乱。齐桓公，即齐襄公的弟弟公子小白，在鲍叔牙的帮助下选择了逃离避祸。

鲁国本该是投奔的首选，离得近，实力不弱，又与齐国联姻。但联姻惠泽的是小白的竞争对手，他的异母兄长公子纠——其母是鲁国人，因而被鲁国接纳。无奈之下，小白投奔了莒国，留下了"毋忘在莒"①的典故。而他与鲁国之间的冲突，也自此拉开了帷幕。

不久之后，公子无亏被杀，两位公子各自启程回国，争夺君位。小白回国的旅途，也因遭遇鲁庄公派去护送公子纠的军队而变得凶险万分。因而可以想见，当

---

① 毋忘在莒，即不忘初心，不忘当日的奋斗。

小白先行一步抵达，成为齐国国君后，将会对鲁国展开怎样的报复。

初登君位，齐桓公所做的第一件事就是攻打鲁国。原因显而易见：这是他政敌的庇护之所，公子纠一日在外，那么齐国就一日有动乱之隐患。一旦鲁国以公子纠的名义卷土重来，齐国又将陷入被动。

战事的结果是鲁国大败，鲁庄公在战场上狼狈逃生。

齐国乘机提出了条件。公子纠当然是要除去的，但是作为齐桓公的谋士，鲍叔牙更看重的是公子纠身边的另一个人——管仲。

鲍叔牙与管仲是旧相识，他了解管仲的才干在自己之上，只不过两人各为其主；现在公子纠既然落败，他希望能把管仲拉入齐桓公的阵营，继续发挥他的才干。当然，这点心思不能让鲁国知道，否则对方必定不会放人。

于是鲍叔牙率领着齐国军队来到鲁国，传达了齐桓公的命令："公子纠是齐桓公的亲人，交由你们讨伐；

而跟随他的管仲和召忽两位，是齐桓公的仇人，请交给我带回齐国处置。"

齐国要的是活着的管仲和召忽。

但这个障眼法并没有骗过鲁国人。一个叫施伯的大夫识破了鲍叔牙的意图，认为管仲回去之后，不仅不会受罚，反而可能会被齐国重用，助齐国富强称霸。既然齐国声言他是仇人，若杀之以尸首归，不也是可以的吗？

但是鲍叔牙措辞强硬，不肯让步。

最后的决定权落在了鲁庄公身上。鲁庄公当然明白，交给齐国一个死人是最为保险的，但是这场惨败让他心有余悸，不敢再违逆，就答应了。也是得益于鲁庄公的胆怯，才有了后来齐桓称霸的伟业。

管仲踏上了回国之路，而召忽为表忠心，殉主而亡。

但两国之间的战事并未就此罢休。

对齐桓公而言，除去公子纠这个外患不过是第一步，鲁国还需要为当年的错误站队付出更大的代价。但鲁国，未再轻易屈服。于是，就有了庄公十年（前684），长勺之战鲁国以弱胜强的战绩。

当时鲁庄公启用了新人曹刿，面对士气高昂的齐军，他下令鲁军按兵不动，直到齐军三通鼓后再伺机发动进攻——"一鼓作气，再而衰，三而竭"。齐军力竭之时，鲁军士气正高。斗志萎靡的齐军很快陷入了被动，落荒而逃。

数月后，齐国联合宋国军队再次讨伐，以图一雪前耻，又被鲁国打退。而这次战役，间接改变了后来宋国的政局，乃至影响了齐国对外政策重心的转移。

此战中，鲁国俘获了宋国大夫南宫长万。南宫长万以气力过人而著称，不幸中箭被擒的经历，成了他的心病。而宋闵公似乎并没有意识到这一点，或者说，只是想要借机打压他。

南宫长万被释放回国后，宋闵公调笑道："当初我可是很敬重你的，可现在你变成了鲁国的囚犯，就当不起我的敬重了。"

本就对此事羞于启齿的南宫长万被国君当面践踏了自尊，心怀愤恨，动了杀机。很快，宋闵公被杀，宋国大乱。在这场祸乱中，不少大夫被害，甚至包括华督这位掌有重权的大宰。诸公子纷纷逃亡。

其后，几大公族发动了反击，南宫长万所立新君被杀，而他本人出逃到了陈国。宋人以重金求南宫长万，陈国便将其灌醉后送回。回国后，被处以菹醢之刑①。

虽然这场内乱历时不过一年便得以平定，但齐桓公看到了契机。

庄公十三年（前681），在齐国北杏，齐桓公主持召开了一场会盟，史称"北杏会盟"。

这场会盟的规模并不大，参加的是宋、陈、蔡、邾等中小国家，内容主要是商讨宋国内乱后的相关事宜。但通过这次会盟，齐国第一次展现出了霸主的气魄：

因为遂国人不肯参加此次会盟，齐国出兵灭了遂国并派人前去戍守。

不久之后，不愿受制于人的宋国背弃会盟，齐国同样选择了出兵讨伐。

宋国毕竟不是遂国，其地位与实力要高得多。为此，齐国不仅召集了陈国、曹国等诸侯国，而且进而采

---

① 菹醢（zū hǎi），是古代的一种酷刑，即把人剁成肉酱。

取了更为高明的手段——向周王室请命。有了周天子的允许，出征便可更加名正言顺。而周王室确实派了周大夫单伯前去，这赋予了齐桓公足够的威信。

在此形势之下，宋人不得不求和。齐桓公也正式拉开了挟天子以令诸侯，"九合诸侯、一匡天下"的霸业征程。

| 二、鲁庄公的诺言 |

北杏会盟召开的这一年，齐鲁两国讲和。

齐国对鲁国的屡次出战，虽然也能赢得一时的胜利，但无法令鲁国彻底屈服，反而耗费了大量的精力。因而，齐国决定把目标放在讨伐"不义之国"上，通过频繁的结盟与征战，树立起在诸侯间的领袖地位。

而鲁国慑于齐国的淫威，也尽量避免着战争。此后这段时期，两国虽然偶有冲突，但未再爆发大的战事，甚至还恢复了联姻的传统。

庄公二十四年（前670），哀姜自齐国嫁到了鲁国。但这场婚姻非但没有给鲁国带来安宁，反而以另一种方式让这个国家陷入了动荡之中。

哀姜，谥号为"哀"，这也暗含着她此生的不幸。

迎娶哀姜时，鲁庄公已届中年。对这个年轻的女子，他也有过热情，甚至不顾礼法，亲自前往齐国迎接。但这毕竟是一场政治意义大于爱情的婚姻，不美满也在意料之中。更何况，在他们二人之间，还另有一个女子存在——鲁国大夫党氏的女儿，孟任。

鲁庄公认识孟任在先，并且可算是难得的自由恋爱。这日，鲁庄公登上自己修筑的高台，俯视之下，正好可以看见党氏家，站在院落中的孟任就这么吸引了庄公的注意。他跑去请求相会，却被孟任闭门谢绝。

孟任心中虽有意，但作为大夫之女，她也懂得政治的残酷。国君夫人多出自与他国的联姻，如此一来，自己不过是个姬妾，又有何趣？

但这份求而不得，反而令鲁庄公愈加思之如狂，最后甚至许诺，可立她为夫人。

许诺令孟任萌生了希望，她决定赌一把。于是郑重地割臂滴血，与庄公盟誓，让他不忘这个约定，而后便生下了公子子般。

但事实上，这是一个无法兑现的诺言。孟任的全部希望都在于鲁庄公，鲁庄公却也有他的不得已。夫人这个名分，是地位的象征。国君夫人，更是关乎国家利益，怎能随意指定？随着哀姜的到来，孟任的希望更加渺茫。庄公可以给孟任最大的宠爱，但夫人只能是哀姜。谁也无法撼动哀姜的夫人之位，即便她没有子嗣。

虽然无法兑现诺言，但鲁庄公依然想着该如何弥补孟任。哀姜的无所出，正好给了他灵感：如果立孟任所生的子般为继承人，那么作为国君的母亲，孟任的地位自然也可随之提升。如此一来，他也算迂回地实现了自己当初的承诺吧？

他认真地权衡了一下这件事的可能性，发现最大的阻力并非来自哀姜——齐国虽强大，毕竟不能直接干涉鲁国内政，影响有限——而来自自己的弟弟庆父。

鲁桓公有四子，除了继位为国君的鲁庄公外，其余三人，庆父、叔牙和季友，并称为"三桓"。庆父最为年长，并与叔牙交好，年纪最小的季友则与庄公亲近。

这三个家族此时已经颇有权势，并显现出坐大的迹象。尤其是庆父，他在朝中势力庞杂，行事嚣张，篡权之心昭然若揭。

庄公三十二年（前662），病重的鲁庄公分别叫来了叔牙与季友，问询关于继承人的看法。

叔牙毫不避讳地直言庆父有才能，避而不谈子般。鲁庄公有些失望，庆父的势力比自己想象的还要顽固。但他什么都没有说。

然后是季友。他表态自己愿意全力支持子般。鲁庄公欣慰，总算还有个弟弟可以托付身后之事。有了季友，子般就还有希望。

于是他将叔牙的想法告知了季友，面露忧虑之色。而季友立时领会了鲁庄公的意图：庆父党羽众多，叔牙不得不除。

很快，叔牙得到了鲁庄公的传召，令他前去某位大夫家。但在那里等待他的是弟弟季友。

季友命大夫送上了一杯毒酒，开门见山："若饮了此酒，尚可保全你的家族；若是不然，那么你的子孙也将会被殃及。"

叔牙明白自己中了圈套。在这里，没有人能够救他；庆父的权势虽大，此刻却帮不了他。他接过毒酒，一饮而下，而后踉跄地推开这扇暗沉的大门，死于途中。

一个月后，鲁庄公安然离世。

叔牙的死，正式宣告了季友与庆父的决裂。

季友先发制人，以最残酷的方式卸下了庆父这方一条有力的臂膀；但庆父并没有坐以待毙。很快，他就以更为凶残的方式进行了反击。

鲁国的动乱，终究还是没能避免。

| 三、庆父的野心 |

形势在往更糟糕的方向发展。对此，所有人都心知肚明，包括子般。

子般即位后，并没有住在自己的宫殿里，而是住在了外祖父党氏家——他不知道庆父的人将会如何对付自己。唯有党氏，是他绝对可以信任的。

但即便如此小心，他还是遭遇了不测。他不知，身边的一个圉人①对他怀恨已久。

早年间，一次祭祀演习时，子般的妹妹出宫门观看，这个叫荦的圉人见其貌美而调戏之。子般得知后大怒，命人狠狠地鞭打了他，惩罚他的胆大妄为与冒失无礼。

听闻此事的鲁庄公认为此处理方式不妥，告诫说：这个圉人力大无穷，能举起城门门板并投掷之；对付这样的人只能杀之，而不能鞭打之。

杀之可绝后患，惩罚只会让仇恨加深。但子般并没有放在心上。多年后，这个圉人在庆父的授意下，杀害了子般完成了复仇。

庆父如愿了，以弑君的方式，釜底抽薪，让季友没了退路。季友只能选择逃亡。不过令庆父没想到的是，这位弟弟不会离开太久。

至少眼下他是得意的，鲁国已无人可以与他抗衡，何况他还得到了哀姜的支持——或许是因为庄公的冷

---

① 圉（yǔ）人，养马的官员。

落，也可能是因为庆父更为年轻，总之哀姜投入了庆父的怀抱。两人之间并非只是男女私情上的契合，在政治野心上二人也达成了共识。这也为哀姜日后的悲剧埋下了伏笔。

庆父想要自立为君，哀姜也积极地应和着。但他们显然高估了自己，弑君的恶名已经传开，朝野上下鲁国内外非议之声四起。此时若再这般招摇，只会招致更大的反对声。思虑之后，只能无奈作罢。

折中之下，他们选择了叔姜之子启方。叔姜是哀姜的陪嫁，同样也是齐国的女儿，立她的儿子为君，名正言顺。是为鲁闵公。

此时的鲁闵公还不到十岁，这也正中庆父下怀。他设想得很好，国君只是一个易操纵的傀儡，真正的大权依旧掌握在自己手上。只要时机适合，自己再取而代之也未为不可。

但是庆父显然看错了鲁闵公。

闵公虽年幼，却有着自己的想法。庆父的弑君之行清晰地摆在眼前，谁能保证自己不会是下一个子般呢？

有庆父在，自己就会受制于人，并且随时都有被取代的危险。除非，找到一个能够与庆父相互制衡的人——他想到了出逃在陈国的季友。

但如何才能让季友回来呢？朝野之中，庆父专权，众人唯其马首是瞻。

只能依靠外援了。闵公的母亲来自齐国，其时齐桓公霸业初成，对鲁国的内乱无袖手旁观之理。

很快，闵公就与齐桓公举行了盟会，表达了自己的请求，而齐桓公也爽快地答应了。帮助平定诸侯国的内乱，本就是他作为霸主的职责所在，况且，这是一个插手鲁国内政的好时机。

闵公对季友翘首以盼，但事实证明，季友的力量，还是太过微弱。

闵公二年（前660），面对态度强硬、坚决不肯与自己合作的闵公，庆父故技重施，派了一个与他有过结的大夫刺杀了他。季友不得已再次出逃，这次，他带上了鲁庄公的另一个儿子——未来鲁国的国君鲁僖公，以防他遭遇不测。

连弑二君，但是庆父依然没能得到他心心念念的国君之位。他的恶行，终于招致了强烈的反对之声；况且鲁闵公不是子般，他的背后，还有一个齐桓公。

形势彻底反转。在巨大的压力之下，庆父逃往了莒国——当年齐桓公小白曾经投奔的国家；与他同为一丘之貉的哀姜本想也去莒国，但是如此一来，莒国将更加成为众矢之的，于是在旁人劝说下，去了季友所在的邾国，想要乞怜于人，但被果断地拒绝。

其后，季友回国，拥立鲁僖公为新君，正式向二人发起了声讨。

| 四、尾声 |

庆父死了。季友向莒国赠送财物以求换取庆父，庆父被迫踏上了回国的道路。他曾试图请人游说，赦免罪行，被回绝后自缢于途中。

哀姜也死了。她并不无辜，与庆父狼狈为奸，祸乱了鲁国的内政。对齐国而言，这也是一桩羞于见人的丑闻。齐桓公派人将她处死后，把她的尸体送回了鲁国。

有人为哀姜鸣不平，因为她既已出嫁，那么就不该由齐国来裁定她的命运。事实上，在国家利益面前，哀姜本身就是一个政治符号。她的出嫁，她的死亡，都是。前者是为了稳固齐国与鲁国的关系；而后者，更是齐国经过斟酌之后送给鲁国的礼物。

仲孙湫以慰问之名来鲁国考察时，正值季友应鲁闵公之请回国。

齐桓公问："鲁国的内乱能够因此而终结吗？"

答案是否定的。仲孙湫回禀说："不去庆父，鲁难未已。"只要有庆父在，那么鲁国的内乱就还将继续。

但他认为，哪怕是这样的鲁国，也不宜成为进攻的目标。庆父多行不义必将自毙，内乱是暂时的。他在内乱之下，看到了鲁国的根基依然牢固：虽然有庆父与季友的两派争斗，但整个国家依然秉持周礼，上下有序。这也意味着，一旦遭遇外敌，这个国家可以迅速凝聚成一股强大的力量。

齐桓公采纳了他的意见。这时候的齐桓公正忙于抵御狄人，存卫迁邢，也无多余的精力对付鲁国。对这样的国家，做它的朋友比做它的敌人要好得多，这才有了哀姜之死。作为庆父的帮凶，她自然是个罪人；但同时，不得不说她是齐国称霸路上的陪葬品。毕竟，帮助鲁国平定内乱，也是齐桓公的功业之一。

鲁国的这场内乱，以季友对庆父的胜利而告终。

庆父死了，三桓犹在。正如季友向叔牙承诺的，他死了，子孙得以嗣位；庆父的子孙亦然。亚圣孟子就是庆父的后人。只不过经此变故，三桓之中，势力最强者由庆父这一族改易成了季友这一族。到了春秋后期，公室渐弱而三桓渐强，在《论语》中，孔子曾慨叹："吾恐季孙之忧，不在颛臾，而在萧墙之内也"，这个季孙就是季友之后。到了鲁悼公时，已经是"三桓胜，鲁如小侯，卑于三桓之家"[1]的局面了。

---

① ［西汉］司马迁：《史记·鲁周公世家》，浙江古籍出版社，2000，第487页。

骊姬之乱
——谁是最后的胜利者？

《左传·闵公二年》（晋献公）："寡人有子，未知其谁立焉。"

鲁僖公四年（前656）冬天，一场骨肉相残的悲剧在晋国上演。

晋公子重耳被迫出逃。一同逃离的还有弟弟公子夷吾。他们的身后，是自缢身亡的太子申生。

不逃，是死；逃离，或许还有一线生机。但太子申生选择了前者。

谁能想到，数年前的他，尚意气风发地随着父亲晋献公四处征战，将荣誉带回晋国。

那时的他，赢得了朝野上下的敬重，似乎也得到了晋献公的认可。作为表彰，献公还特意派人为他居住的曲沃修筑了城墙。

然而在这片父慈子孝的祥和景象下，早有人看到了危机。

"太子不得立矣。"士大夫士蒍叹息道。

| 一、士蒍的谋算 |

士蒍是晋献公的心腹，不仅富有洞察力，同时也有着出色的政治活动能力。他在晋献公前期的权力斗争中起到了关键性的作用。

献公初即位时，面临的最大问题，是桓庄之族的滔天权势。"桓"指曲沃桓叔，"庄"指其子曲沃庄伯。

一切都肇始于晋穆公时。

晋穆公的夫人姜氏在他出征时，生下了两个儿子，便为长子取名仇，次子取名成师。仇字不祥，而成师却意味着胜利，时人已经察觉到了其中暗含的乱象。而后来的发展也印证了这一点。

仇继位为晋文侯，死后其子晋昭侯继位，但是成师的势力也渐渐发展壮大，双方矛盾日益尖锐，朝中已有动乱的征兆。晋昭侯无力除之，只好将这位叔父封于曲沃，此后史书称之为曲沃桓叔。桓是其谥号。

晋昭侯原本是想令桓叔远离都城翼这个权力中心。可事实上，少了牵制的桓叔反而在曲沃愈加兴盛，以至于晋国后来分裂成了两个政治中心——晋昭侯所在的都城翼和桓叔所在的曲沃。而桓叔在都城之中的影响并没有因为他的离开而减弱。

桓叔被封曲沃数年后，公元前735年，朝中有大臣弑杀了晋昭侯而想迎立桓叔为君。但是晋昭侯虽死，其势力并没有妥协，他们立了晋昭侯的儿子孝侯为君，并诛杀弑君大臣，还向桓叔发兵。

曲沃这边也未就范。桓叔死后，其子曲沃庄伯、以及庄伯的儿子曲沃武公继承恒叔遗志，一再发兵攻打翼城，杀死了接下来的几任晋国国君，最终于鲁庄公十六年（前678）成功完成了晋国的统一。自此，曲沃武公成为了晋武公。

所谓桓庄之族，指的正是除了晋武公这支之外的，桓叔与庄伯的宗族——因君位一般而言由嫡长子继任，未能继位的身份自降一等，成为公族。桓庄之族，就成为了公族中极为强悍的力量。

晋武公的成功，有赖于桓庄之族的鼎力支持；但同时，他们在多年的征战中，也累积起了雄厚的政治资本。

晋国统一次年，晋武公去世，其子晋献公继位。而此时，桓庄之族对权力的渗透也越发深入。感受到胁迫的晋献公，终于萌生了将这股势力斩尽杀绝的念头。

但这是一件风险极高的事，若是操之过急或操作不当，一旦被反扑，不仅晋献公的性命堪忧，整个国家也有可能再次陷入分裂。

正在这时，士蒍站了出来，献上了计策。简言之，就是分化公族内部，借力打力，逐个击破。

得到献公的允许后，他便开始了活动。

他先瞄准的是群公子中的核心人物富子。他游走于公族之中，诋毁富子，借助对富子怀有敌意的部分公子成功地将其除掉。

富子死后，势力庞大的游氏家族依然有着强大的影响力。士蒍如法炮制，先借其敌对势力之手杀死了这个家族中的两个儿子，削弱了其力量。而后将这个家族彻底铲除。

剩下的这群公子，已经不成气候。士蒍便聚地筑城，将他们收拢在那里，加以软禁。

庄公二十五年（前668）冬天，晋献公亲自带人包围了这个地方，"尽杀群公子"。

此时晋献公即位不过九年，盛极一时的桓庄之族就此灰飞烟灭。

这场血腥的屠杀，是献公被压制的权力欲望的爆发，他踩着群公子的尸体，换取了自己的安心。

这场政治斗争，最大的功臣无疑是士蒍。很快，他就被擢升为大司空，并负责修筑绛城——未来的晋国国都，可见献公对他的信任之深。

权力收归在了国君手中，晋国的一切都在往更好的方向发展。

闵公元年（前661），晋献公一口气灭掉了耿、霍、魏三个小国，在胜利中尽情享受着权力的快感。而太子申生，也在这个过程中屡立军功。

此时的晋献公是给了申生充分信任的。晋国分上下两军，晋献公亲自率上军，而下军则交给了申生。征战胜利归来，晋献公很高兴，为他在曲沃修筑城墙以为褒奖。

正是在此时，士蒍发出了忧心之叹。因为这是给予卿士的赏赐，就如同把刚刚占领的耿、魏等地赏赐给其他大夫一般。而太子若被置于卿士的地位，那么国君之位就已然无望了。

于是，他建议太子出逃。因为太子若不能名正言顺地继位，就意味着他犯下了大罪；反推之，为了不让他继位，就必须令他获罪。士蒍说，不如学习吴太伯吧——吴太伯是商朝时，周部落首领古公亶父的长子。当他知道父亲有意立弟弟为继承人时，便主动选择了离开，逃离到荆蛮之地，成为了吴国始祖。对于申生而言，这样的选择，至少能够保全性命不是吗？

"天若祚大子，其无晋乎。"上天庇佑，太子快逃离这个国家吧。深谋远虑如士蒍，所能想到的一线生机也只能是如此。

因为他深知晋献公的心思，现在已全然系于一个女子身上。

二、骊姬的图谋

当晋献公从战场上将骊姬带回来时，无人预见到整个国家的命运都会遭到殃及。

毕竟，骊姬没有高贵的出身，不过是献公攻打骊戎时，骊戎为了求和而献上的礼物——一对姊妹中的姐姐。

但很快他们就发现，骊姬不是寻常女子，她有图谋，有手腕。

她先是被立为了夫人，身份为之一变。为此进行占卜时，龟壳和蓍草的占卜结果不一致，凶一吉。依据龟壳，繇词①为："专之渝，攘公之翰。一薰一莸，十年尚犹有臭。"——专宠会使人心怀异心，并偷走您的公羊。把香草和臭草放在一起，十年以后还会有臭气。按照规矩，两者不一致时，当听从龟壳所示，但献公并

①　繇词（zhòu cí），亦作"繇辞"，指卦兆的占词。

未听从。

而后，骊姬生下了奚齐，她的妹妹生了卓子。她的野心更有了付诸实践的动力——献公已经年老，她要让自己的儿子成为未来的国君，才能确保自己的权势与地位。如此一来，原来的三位公子，尤其是太子申生，便成了她最大的障碍。

当时的晋国都城已经搬到了士蒍所修葺的绛城。骊姬便提议，将太子派往曲沃，将重耳和夷吾分别安排到蒲城和屈城这两个边疆之地。当然，她的话说得很漂亮：曲沃是宗邑所在，当由太子坐镇；而晋国正在开疆拓土之地，有这两位公子在，戎狄便不敢轻易来犯。至于自己和妹妹所生的两个儿子，则因为年纪尚幼，而被留在了身边。

晋献公一一应允了。他不知骊姬这样做的用意吗？不尽然。

历经了与"桓庄之族"权势争斗的晋献公，清楚地知道要避免历史重演，把权力掌握在国君手中，需要防范新的公族势力的形成。最好的办法，便是让公子们远离权力中心，并派人监视，削弱其力量。

只是，让重耳与夷吾出居尚可理解；但是让太子也出居，就意味他也成为被防备的对象——给未来的国君腾挪空间。如此，他其实已经被排挤在了国君人选之外。

太子，其地位似乎与普通的公子一般无二。士蒍对此颇感无奈，"一国三公，吾谁适从？"国家正在走向分裂，大臣们也感到了不安。

晋国，风雨欲来。这场风雨，是骊姬带来的。

晋献公宠爱骊姬，这份宠爱让他情愿废太子而另立。只是奚齐年幼，而太子又无过错，朝中支持者也众多，所以晋献公并未冒然行动。而骊姬的这个提议，不过是正中下怀的顺水推舟而已。

在此之后，晋献公想要废太子的倾向也越来越明显。

晋献公为太子在曲沃修筑城墙的次年，太子又领命出征，出征的对象是东山的皋落氏①。

---

① 皋落氏，赤狄别种，在今山西省皋落镇一带。

已察觉到献公意图的大臣里克进谏劝阻，认为此事不妥。他说得很明白：身为太子，自当肩负起更重要的职责，那就是祭祀与照顾国君。况且，太子领兵，如果遇事都要请示就失去威严，擅自发令而不请示国君就是不孝。具体到此次战争，被讨伐的皋落氏据说严阵以待，并不打算轻易投降。这是一场凶险的战争，怎能让储君涉险？

献公却不以为意，只轻飘地答复道："寡人有子，未知其谁立焉。"

申生的太子身份在此完全被加以了否决。那么多的儿子，申生只是其中之一而已。甚至，连其性命都不再顾惜。

这份冷酷让申生彻底寒心了，他预感到了自己的命运，叹道："吾其废乎？"

大臣们议论纷纷，出现了不同的声音。

虽然里克勉励太子，认为纵然前路艰险，也应该将成败系于自己身上。但是所以人都在这次征战中感受到了恶意：此次出征，戎装左右两色而不正，配饰是带有缺口的青铜环佩器。看来国君是不怀好意，希望出征不利吧？况且他还命令说，"尽敌而反"。敌人怎么可能消灭干净，不过是不想让我们回来的托词而已。加之在他身边还有人进谗言，纵然尽敌而返，日子恐怕也不会好过。还不如现在就离开呢！

这时，一个叫羊舌的大夫站了出来，"违背命令是不孝，抛弃职责是不忠。所以虽知国君之冷酷，却还是不能不孝不忠。宁可为此而死。"

这也是申生的心中所想，此刻的他想来已经做好了赴死的准备。也许正因如此，他当初才没有听从士蒍的话选择逃离。

只可惜，他并未壮烈地战死沙场，而是憋屈地死于一场阴谋中。

四年后，僖公四年（前656），骊姬忽然找来了申生，说国君梦见了你的母亲齐姜，你该去祭祀她才行。

申生的齐姜是齐桓公的女儿，本嫁给晋武公为夫人。武公年老，晋献公与之私通，后立她为夫人，生有申生与秦穆夫人两个孩子。只是齐姜早死，否则骊姬被立夫人之事恐怕不会这般顺利，申生的太子之位也不会那么容易被撼动。

申生领命前往曲沃祭祀，回来后，进献了祭祀的酒肉。彼时献公在外狩猎，六日方回。回宫后，正欲享用这些祭品。骊姬道，恐怕太子已有异心，以防万一，不如小心些。于是以酒祭地，地上隆起土包；以肉喂狗，狗中毒而亡。

骊姬故作惊恐之状，哭诉道："太子果真要害您啊！"

太子当真是急不可耐要当这个国君了啊！献公怒从心起，遂下令捉拿申生。而听闻风声的申生惊恐之中逃往了曲沃。

申生百口莫辩，惶惶不安。

有人提议，该向献公争辩个是非吧，终归是父子，况且这其中必是有误会。

太子拒绝了："国君无骊姬便不乐。我若声辩令骊姬获罪，国君也会不乐；国君不乐，我亦不乐。"

事实上，他不会有争辩的机会；纵然争辩，他又怎能敌得过那个日日伴随在他父亲枕边的人呢？这一点，他自己也是清楚的。一切只是徒劳而已。

那就出逃吧，像士蒍说的那样，学习吴太伯，另寻一个出路。天地之大，哪里容不下你呢？

申生再次拒绝了，因他已是获罪之身，谁敢收留？

十二月二十七日，这个寒冷的冬日，太子申生在曲沃自缢身亡。他的家族从这里起步，经过数代人的浴血奋战才站到了权力的最高峰，而他，却是以这种惨烈的方式魂归故里。

申生死了，不知献公是否有过伤心，即便有，怕是也不会太多。

骊姬叹着气，幽幽地吹着枕边风："太子谋反，他这两位兄弟怎会不知呢？现在太子死了，他们二人怕是更恨我们了吧。"献公果然又对重耳与夷吾起了疑心。

抵抗等同于叛逆，可束手就擒就会是太子那样的下场，再无回旋的余地。一番激烈的思想斗争之后，这两位公子决意出逃。正如士蒍当日劝太子申生的，"心苟无瑕，何恤乎无家"，若问心无愧，何处不可为家呢？

他们的出逃反而坐实了献公的猜忌——做贼心虚，畏罪潜逃。若是有误会，何不前来解释清楚？献公以为自己是个可信任的父亲，以为自己才是被背叛的那个。或许只有这么想，才能出手果决，就如当年去除桓庄之族那般。

| 三、里克的抉择 |

一切都按照骊姬的计划顺利地进行着。

三位公子一死二逃，她的儿子奚齐理所当然地被立为了太子。

但事实上，她的强大不堪一击。她在努力地拉拢朝中的势力，却终究不成气候。三公子的党羽依然占据着朝堂，并顽固地站在她的对立面。

她所能依附的依然只是晋献公的权力，而献公年事已高。

太子申生死后五年，僖公九年（前651），晋献公去世。他一死，很快就有人发动三公子的党羽作乱。这个人就是里克。

里克原是太子申生的坚定支持者，亦师亦友。

在申生如履薄冰、担心自己随时可能会被废黜的黑暗日子里，里克也一直站在他身边鼓励他：太子你没有做错什么，没有理由会被废。可是太子还是死了，是被人陷害的。陷害他的那个人盗取了本该属于太子的权力与地位。献公在的时候，他什么都做不了；但现在，机会来了。

他有底气这么做。多年的对外征战，他屡立功勋，赢得了将士的信任与追随，赢得了朝堂上下的敬畏，手中的兵权就是最好的保障。况且，三公子的势力，都站在他这边。相比较之下，骊姬那方弱得像一个孩童。

里克唯一顾忌的，是奚齐的老师荀息。

晋献公去世前，忧心的是奚齐不能顺利为君。他明白，自己若在，还能压制反对奚齐的势力；他若不在，局势便有了变数。于是叫来了大夫荀息，将奚齐托付给他。

对君主的临终托孤，荀息也立誓将尽力辅助，"其济，君之灵也；不济，则以死继之"。若能顺利地完成这个任务，是您的庇佑；若自己无法完成这个使命，那么情愿为之赴死。

荀息是个忠臣，他尽心辅佐奚齐是因为对先君的承诺，并不意味着他参与了陷害三公子。里克明白这点，他也敬重荀息，所以希望他与骊姬一派撇清关系，毕竟朝野上下多的是憎恶她的人。

但是荀息有他的坚持，既然与晋献公有承诺在先，又怎能因为爱惜自己而反悔呢？哪怕他知道里克说得对，大势所趋，自己这么做于事无补，什么都改变不了，但依然决意知其不可为而为之。一切也确实是徒劳。献公去世仅仅一个月后，奚齐被杀。

奚齐一死，骊姬才觉得，曾经自己所拥有的那些权力，空得像假的一样，转瞬即逝。她的苦心经营，最终换来的，不过是亲手埋葬了自己年幼的儿子。没有了献公与奚齐，她一无所有，也无足轻重；随着他们的死亡，她一并湮灭于史书之中。

奚齐死了，荀息悲痛欲绝，却没有追究里克的责任。

他做不到，况且他也知道这些恶行的源头在于骊姬。而里克一旦发动军队，这个国家恐怕要陷入内乱。

荀息想过自尽，但是自尽容易，担起稳定国家的重担却更难。当务之急，便是另立新君。现在尚在国内的、君主唯一的候选人，只剩下了骊姬妹妹所生的儿子，卓子。

然而仅仅一个月后，里克在朝堂上再次挥动了屠刀。

连立两君，两君皆被害。荀息终于支撑不住了。晋国曾经有那么多公子，如今却是死的死，逃的逃。如何收拾这个残局？如何面对九泉之下的献公？绝望之下，他选择了自尽。死亡，是他的解脱之道。

里克胜利了，将骊姬一方的势力彻底地清除。现在需要做的，是为这个国家另立一个君主。里克想起了流亡在外的重耳和夷吾。谁说继位者无人呢？

首选是年长的重耳。当年为躲避骊姬之难，重耳在舅舅狐偃的协助下，逃到母亲狐姬的母国翟国避难。翟人对他还不错，他也在这里娶妻生子，一边过着安生日子，一边注意着晋国的动向，找寻回国的机会。现在机会来了，重耳却犹豫了。骊姬之难虽然过去了，可是眼下权力都掌握在里克手里。连着两个君王被杀害，自己会不会是下一个呢？晋国的形势瞬息万变，谁也不知道下一步究竟会如何。经过深思熟虑，重耳选择了拒绝。他推辞说自己违背父亲的命令出逃，父亲死后又未能尽孝，如今已没有脸面回国继位。

失望之下，里克只好转向夷吾。当初出逃时，夷吾原本也是想要逃到翟国的，因为他的母亲也来自这里。可是重耳已在那里，若是两个公子都在翟国，就会成为晋国集中攻击的目标。于是他就转而来到了离秦国不远的梁国。

得知消息的夷吾，虽然同样对前路抱有忧虑，但还是决定回去。这毕竟是个难得的机会。

当然，他也颇有城府，知道现在的自己，需要的是晋国内外两方势力的协助，于是做了充分的打点。先是给秦穆公送上了一份厚礼，答应将晋国河西地区割让给秦国，作为交换条件，秦穆公要派兵护送他回国，并作为他的后盾；同时又向里克示好，许诺日后将汾阳的城邑封赏给他。

僖公十年（前650），夷吾回到晋国，是为晋惠公。而他回国后做的第一件事，就是除去里克。

他派人向里克传达命令："没有你的话，我也无法当上国君；但是你此前杀了两个国君和一位大夫，想当你的君主实在太难了吧。"

里克自然听出了话中之意，冷笑道："不有废也，君何以兴？欲加之罪，其无辞乎？臣闻命矣。"是的，没有他的残忍，便没有夷吾的今天。对夷吾来说，这本该是功勋，现在却变成了罪行。不过是过河拆桥罢了。

随后，他自刎而死，仅比他曾经的同僚荀息晚了一年。

从里克决意弑君开始，他就已经成为了君主宝座下的那根刺。不把这根刺拔去，无论谁坐上这个位子都会不自在。这个道理，重耳明白，晋惠公也明白。只有里克不知道，自己再也不可能做回晋献公时那个骁勇善战受人敬重的股肱之臣了。

| 四、夷吾的诺言 |

僖公十三年（前647），生活在渭水与汾水两岸的百姓，惊奇地发现水面上不知何时冒出了一片白帆。这些白帆首尾相接，绵绵不绝，像一支秩序井然的军队，踏着河道缓缓行进着。阳光照下来，一片肃穆。

这支军队自秦都雍城出发，顺着渭河东行，横穿黄河，再沿着汾水北上，而抵达的目的地，是晋国的都城绛。八百里路云和月，八百里的水面上载的不是供给前线的粮草，而是一斛斛用以救灾的粮食。

在历经了骊姬之乱后不久，晋国就遭受了这场严重的饥荒，急需救助。

但是能指望谁呢？秦国自然是最好的对象，有联姻之谊，相去不远，且有这份能力。晋惠公夷吾却踟蹰不定。他心虚。

当年晋惠公之所以能够成为国君，仰仗的是外部秦国与内部里克的协同助力，为此还进行了利益交换。而回国后，他不仅撕毁了对里克的承诺，也并不打算履行与秦国的约定。

他背信弃义，曾经在朝堂上翻云覆雨的里克被迫自尽而死，其党羽也一并被清除。与此同时，大权在握的他，也绝口不提当年秦国派兵护送他回国之事，约定好的池城更是再无消息。秦国几次催促，晋国一拖再拖，直到灾荒降临。

实在没有办法了，国内饿殍遍野，如此下去，必将再生动乱。思来想去，晋惠公还是硬着头皮向秦国发出了借粮的请求。当然，他强行为自己找到了理由：池城没有交割，不过是手续上的延缓，而现在秦国若是见死不救，那便是秦国先辜负了两国的情谊，如此一来，届时不交池城也就怪不得我们了。

言辞一番腾挪，道义的责任反而落在了秦国。而在秦国，意见也分成了对立的两派：一方认为眼下正是灭掉晋国的大好时机；而另一方则认为秦晋两国世代交好，况且每个国家都有可能会遇到这样的天灾，还是应该伸出援手。

秦穆公并不喜欢晋国的这个国君，但还是答应了："晋惠公这个人虽然可恨，可是晋国的百姓没有什么错，不应该让他们受苦。" 况且他的夫人，正是申生的亲妹妹穆姬，夫妻情分不浅。

于是，这才有了渭水与汾水之上规模浩大、不啻于一场军队动员的船队，史称"泛舟之役①"。这连绵不缀的白帆见证了秦国对于晋国的情谊，似乎将迎来秦晋之好的新篇章。然而谁也没想到，紧随其后的却是金戈铁马。

就在泛舟之役的次年，时移世易，灾荒降临到了秦国的土地上。既然有输粮的情谊在前，秦国很自然地就向晋国求助，却怎么也没想到，会被回馈以铁甲兵刃。

晋国再次动用了无赖的逻辑：此前晋国饥荒，正是你们灭晋的大好时机，可惜你们没有抓住；现在老天爷把这个机会交给了晋国，怎么能错过呢？

这忘恩负义的行径彻底激起了秦穆公的怒火。虽有灾荒的影响，但秦国的军事力量并不弱，何况晋国自遭遇了骊姬之乱，国力尚未完全恢复。于是，秦穆公整顿军队，大举出兵。秦军将士们义愤填膺，士气高涨，最

---

① 此处的"役"，当作"劳役"解。

终在战场上将晋惠公一举生擒。

对此人，秦穆公已厌恶得无以复加，决意拿他祭天以泄愤。这时，秦穆公的夫人、晋国已故太子申生的妹妹穆姬站了出来。

对于这件事的前因后果，穆姬一清二楚。对于晋惠公的品行，她也了然于胸。晋惠公还未继位时，曾前来秦国请兵护送他回国，穆姬特意与这位异母弟弟做了一番交谈。穆姬嘱咐他，若是能够顺利回国，当善待申生的遗孀贾君；应将流亡在外的公子召集回国，以增强晋国的宗室力量。可是晋惠公当时答应得痛快，回国后很快一一背弃，不仅与贾君私通，也无召重耳回国之意，反而多有提防。出尔反尔，已非一日，穆姬怎么可能不失望呢？可他毕竟是晋国的君主，他若真的死了，晋国又要陷入内乱。她不愿意看到母国沦落到这样的境地。

穆姬知道秦穆公怒气难消，不得已用了最为决绝的方式以为威胁。她带着子女们赤着双脚登上了高台，高台上铺着干燥的柴火。然后派人捧着丧服去给穆公传话："如果晋国国君早晨进入秦国国都，那么我就晚上自焚；晚上进入，那么我就次日一早自焚。"

秦穆公知道自己的这位夫人性情刚烈，言出必行；与此同时，晋国那边也传来消息——因国君被俘，晋人怒火冲天，誓将秦国视为仇寇。

明明是晋惠公背信弃义在先，怎么一时之间陷入内忧外患的反而成了自己？秦穆公恼怒不已。但冷静后细想，如果真的杀了惠公，虽一时解气，却后患无穷。

作为一个成熟的政治家，他最后做出了正确的决定：将惠公放了回去。如此不仅可以安抚穆姬与晋国的臣民，同时也能逼迫晋国落实此前的允诺。果然，惠公脸面扫地，回国后不仅按照约定将河西土地献给了秦国，而且还把自己的儿子女儿送去秦国，一个做人质，一个做侍女，以示臣服之心。当然，他依旧没有听从穆姬的话，召回重耳。

晋惠公这一生大起大落，不可谓不波澜壮阔，但留在史书上的形象却更像是一个丑角。那些他曾求助的对象，都与他渐行渐远。而晋国最辉煌的时代，将由他疑心提防的兄长重耳来缔造。

秦穆公并没有忘记这段被背叛的历史，他只是在等待一个适合的时机。

　　僖公二十三年（前637），"泛舟之役"十年之后，惠公病死，太子圉自秦国回国继位。次年，重耳就夺取君位，将圉杀害，而帮助重耳的一股重要力量就是秦穆公。

　　从一条江到另一条江，从一个国家到另一个国家，江水奔流不息，将生的希望送到异国。此后，这片土地上还能见到这样的盛景吗？谁也不知道答案。但是这场没有硝烟的战争，这一船船往而不返的粮食，两岸的百姓看见了，当时大大小小的诸侯国也看见了，惜字如金的史书上也记下了一笔。寥寥数笔，却可看见藏在其后的一个个人物的身影，关于算计，关于承诺，关于贪婪与背叛。而这两个国家的命运似乎也已隐约可见。

不共楚王言
——息夫人的复仇与楚国的野心

《左传·庄公十四年》（息夫人）："吾一妇人而事二夫，纵弗能死，其又奚言？"

当齐桓公自东方以风卷残云之力令中原诸侯国俯首听命时，在南方的汉水之滨，一个被视为南蛮的国家也在悄然成长，并将触角试探性地伸到了中原的边界。

庄公十四年（前680），楚国，秋阳如火，昂扬高亢的战歌引领着整齐的队伍出城而去。

歌声飘到了宫墙内，一个男子落寞地看向出征的方向，双目失神。他是蔡国的国君，但现在的身份，不过是楚国的囚徒。

他知道，这支军队此去的目的地——蔡国。他也知道，军队的背后，站着的是一个美丽的女子。一个他本以为柔弱可欺，却远比他想象中更坚强、更有力量的女子——息夫人。

一切都因他而起。他对息夫人美色的觊觎，他的无礼与轻浮，曾为自己的国家招致战争，令自己身陷囹圄。而这远去的战歌在告诉他，一切尚未结束；这一次，他的国家还能幸存吗？

| 一、蔡哀侯 |

息夫人是陈国国君的女儿。这一年，她踏上了嫁往息国的道路。她没能想到的是，这条路如此艰险曲折，改变了那么多人、甚至那么多个国家的命运。

都是因为蔡侯。息夫人途径蔡国时，突然被止住了行程。蔡侯强留她要求相见。

息夫人的姐姐早先嫁于蔡侯为夫人，蔡侯听闻息夫人美貌，便不安分了起来。"这是我的小姨子啊"，他这么说着。既是亲戚，又来到了自己这里，怎么能不多留几日加以款待呢？

蔡侯言行之轻薄令人生厌。他若是知道后来发生的一切，想来必当沐浴斋戒闭门不出。可当时的他，显然被美色迷昏了头。

息夫人深感受辱，息侯更是震怒难消。是蔡国欺人太甚，是蔡哀侯不把息国放在眼里。他想要给这个不知好歹的连襟一番教训。无奈，国小兵弱，息国想要凭一己之力去攻打蔡国，无异于痴人说梦。

他想到了楚国。

这些年楚文王对周边的部落及国家频繁出兵，开疆拓土，自然也会对相去不算太远的蔡国这个中原诸侯国有兴趣。只是楚蔡之间，还有不少国家，若要越过别的国家去打蔡国，胜算难料。

而息侯为报此仇，甘愿为饵。他主动向楚文王献计：楚国佯装前来攻打息国；届时息国再请蔡侯出手相助。当蔡国的军队奔赴息国时，他们万不会想到自己的国家才是楚国的目标。如此这般，攻其不备，蔡国岂不唾手可得？

战事的发展也确如他所料。庄公十年（前684），楚国出兵息国，当蔡军前去救援时，楚军出其不意，直击蔡军，大败之。也正是在这场战事中，蔡侯被俘虏到了楚国，成了阶下囚。

蔡侯谥号为"哀"，他的悲剧正是从此开启。

息侯很高兴，辱妻之仇得报；楚文王也很满意，这次出征，振奋了士气，打出了威望，同时试探了一下中原各国的反应——它们眼下，似乎并无闲暇顾及于此。

如果一切到此为止，那么息夫人将平安顺遂地度过她的余生。但是蔡哀侯怎么可能就此罢休呢？即便是他无礼在先，这样的代价是否太过惨重？息国竟处心积虑地设下这样一个圈套，让他成了个被嘲笑被愚弄的蠢人，也让他的国家遭受了一场猝不及防的灾难。

他不甘心。息国算什么呢，不过仰仗了楚国的力量。这份力量息侯用得，自己就用不得吗？只要有好处，有利益，楚国一定会再次出兵的。他想到了息夫人，息侯可以以自己为饵，自己怎么就不能以息夫人为饵呢？有这样一个美人在，楚文王一定会动心的。

此后，他便在楚文王面前大力称颂息夫人姿容绝艳，仪态万方，说得楚文王心驰神往。楚文王早已听闻过其美貌，而蔡息两国因她而起的冲突又让这份美貌多了份神秘与魅惑。

美人，疆土，都是诱人的砝码，楚文王没有拒绝的理由。

此时的息侯还陶醉在大仇得报的快慰之中，对即将到来的险境浑然不觉。

因为对蔡的战役，他以为息楚两国已是盟友了，因此当楚文王提出要来息国时，他也未加多想，而是殷勤地招待着。楚文王礼尚往来，也特意摆下宴席回请息侯。就在这场宴席上，息侯被袭杀。生死存亡只在指尖。

息国就此灭国，成了楚国的一个县。息夫人则随后被收入了楚王的后宫。

这次，笑的人是蔡哀侯。他笑息侯的自不量力。虽然自己被软禁在楚，但至少还活着，至少他的国家也还在，允许他北望故乡，存些念想。

最后，还是自己赢了。他想。但是他忘了，那个被他送到楚文王身边的女子，那个因他而失去了丈夫、家国的息夫人，满眼都是寒意。

| 二、息夫人 |

息夫人是沉默的。

蔡侯的轻薄，息侯的愤怒，这些纠葛明明与她相关，但她似乎又与之疏离，漠不关心，不见任何喜怒哀乐。她什么都没有做，她只是在那里，无辜而被动，也因此面目模糊。似乎山河再飘摇，唯一不变的是她的美貌。

但美貌不是她的武器，智慧才是。

在楚国，她不谈息侯，不谈过往，云淡风轻，端庄而温顺。楚文王信任她，宠爱她，她先后生下了两个儿子。但这顺遂的日子，并没有让她忘记旧时的人。那些遭遇，那些变故，她都郑重地刻在了骨子里；息侯与她的情谊，她也没有轻易地抹去。

这一次，她成为了那个复仇者。她用沉默守护着自己的复仇决心，等待着一个适合的时机出击。

息夫人的少言寡语，让楚文王先忍不住了，问道，眼下的这一切还有什么不如意的吗？为何这般郁郁寡欢？

机会来了。但息夫人并未得意忘形，而是一如既往地隐忍而克制："我身为妇人，却跟随了两个夫君；纵然不能因此自尽，又哪里还敢多说什么呢？"

她以退为进，避而不谈自己对旧人的留恋，也不谈几国之间的恩怨纷争，反而将遭受离乱的罪责揽在了自己身上。简单的言辞底下，是极大的悲愤，是身为女子的身不由己与无能为力。

楚文王是个聪明人，自然听懂了。除了倍加怜惜，便是用行动来补偿——美人垂泪，自然得有人来负责。尽管出兵灭息的是自己，但蔡国显然是最好的替罪羊。况且，这何尝不是一个扩大势力版图的好时机？

于是，蔡哀侯被俘四年后，庄公十四年（前680），楚军再次出兵攻打了蔡国，为息夫人一报灭国之仇。

又一次沉重打击，又一次哀鸿遍野，蔡国一片焦土。

不过，蔡国还是幸存了下来。毕竟不同于息国，蔡国在地理位置与文化认同上都属于中原。息国在南近楚，而蔡国与周天子一样，同属姬姓，且更靠近郑国、陈国等中原诸侯国。若是楚国强行将它吞并，那么其他的诸侯国就会有强烈的危机意识，从而形成可怕的凝聚力，这对楚国而言是非常不利的。

但无论如何，蔡国付出了惨重的代价，此后几乎成为了楚国的附庸，毫无反抗之力。两百多年后，最终还是为楚国所灭。

息夫人完成了复仇，但是息国毕竟不在了。

与她相比，息侯与蔡哀侯显得多么的幼稚和浅薄无知。

一个轻狂冒动，一个饮鸩止渴，陷在对彼此的仇恨里看不到山雨欲来的天下大势。鹬蚌相争，看不到在强大的楚国面前，其实彼此都是一样的宿命。当楚国的军队风卷残云般扫荡他们的国家时，才明白，自己当初借用的这把刀子，所指向的何尝不是自己。可惜一切都晚了。最后落得一个身死国灭，另一个被囚他乡，直到死去。

渔翁得利的，是被他们视为工具的楚文王，不仅抱得美人归，而且更是扩大了楚国的疆域，将影响力进一步向周边、甚至中原延伸，为日后的争霸做着准备。

| 三、子元 |

一言覆敌国，这是息夫人唯一能为故国、故人所做的了。

她终于完成了与过往的道别，故人故国已不再，无论是情深的或是憎恶的。但命运的波折，并没有放过她。

庄公十九年（前675），楚文王病逝，息夫人的长子熊艰继位。熊艰在位几年无所作为，在察觉到弟弟熊恽可能会威胁到他的地位之后，欲除之。三年后，被迫出逃的熊恽在随国的支持下完成了反杀，夺得了国君之位。他就是楚成王。

眼睁睁地看着自己的孩子兄弟反目，息夫人无疑是心痛的，但她最大的威胁还不在于此。她的美貌就像一道诅咒，一旦失去了权力的保护，就会令猎食者闻风而来。

这一次蠢蠢欲动的，是楚文王的弟弟、楚国的令尹子元。

楚文王病逝，后来在政治争斗中胜出的楚成王年龄尚小羽翼未丰，楚国公室在政治斗争中实力大为损耗。这一切都让子元的权威大涨。他对内主持政事，对外统帅军队，成为了楚国实际上的执权柄者。

很快，他就不甘于对息夫人只是非分之想，而是展开了猛烈的追求。

子元命人在息夫人所在的宫殿外修筑了宫殿；不久后，从那里传来了莺歌燕舞之声，似乎有意在撩拨她的心志。息夫人故作不知，避而不见。

子元按捺不住，私下令息夫人的侍从前去打探，而息夫人的反应出乎其意料。

息夫人知其用意，垂泪而下："先君让人跳这个舞蹈，是用来演习战备的；如今令尹却将之用于未亡人之侧，难道不觉得不合适吗？"她避而不谈男女情爱，而企图以国家的大义，去浇灭子元的私欲。

她的敲打生效了。作为楚国的令尹，子元同样有着政治上的志向，守土卫国、征战四方。听闻息夫人此言，肃然起敬，自叹不如："一个女子尚且知道不忘在外的仇敌，我却反而忘了。"

接着，他便整肃军队，发动了进攻郑国的战争。他想要证明给息夫人看自己的英勇，但他并没有忘记息夫人。相反，她的忠贞与大义，她的沉静与聪慧，为其美貌增添了新的光环。

庄公三十年（前664），子元伐郑归来。因为中原诸侯的救援，楚国很快就撤军了，此次出征并没有取得什么战果，反而劳民伤财，令朝野上下不满。但是子元不想着如何重振国力，反而更把心思放在了息夫人身上。

这一次，他不再隐晦委婉地跳什么舞奏什么乐去挑逗息夫人了，而是要求直接入住宫室，强行接近息夫人。

子元此举终于迎来了朝中大臣的不满。其中，以斗氏家族为最。

楚文王灭申国后，因申地在地理防御上的意义，派遣了大夫领重军驻防，是为申公。第一任申公即为斗班。这一家族既在边防，手中自然掌有相当的军队，权力不弱。

出自斗氏家族中的一位大夫劝诫子元，反而被囚。而后，斗班果断地采取了军事行动。

尽管史书并未详加记载，但可以想见，这必是一场惨烈的战斗。毕竟子元与斗班，都调动了他们手中的军队。争斗的结果，子元被杀。战斗给楚国带来了巨大的动荡和的损失，这从接任子元为令尹的斗谷于菟①其后的作为上也可见端倪。

斗谷于菟同样出自斗氏家族，是一位颇具传奇色彩的人物。他的父亲斗伯比才智过人，是楚武王身边重要

---

① 菟，音tù。

的将领，在楚国开疆拓土的过程中立下了大功。而他自己出生时曾被遗弃，幸遇老虎以乳汁哺乳。楚人称虎为"於菟"，称乳汁为"谷"，故而得名"斗谷于菟"。

他就任令尹时，面对的是一个积弊重重的局面：楚国对外征战失利，权力内部相互争斗，又刚经历了子元之乱。战争的损耗以及国内的动乱让国家的财政遭陷入了困顿，而百姓更是苦不堪言。

对此，斗谷于菟做出了令后世称道的选择——"自毁其家以纾楚国之难"。毁家纾难，他捐献出了家族的财产去解救国家的危难。在他这里，家国本就是一体的；他投入的不仅是财物，更是他经邦济世的决心。

在他的辅助下，楚国内政清明，国力增强，这才有了楚成王日后北上中原争霸的底气。

当然，对息夫人而言，最重要的是她终于获得了清净，在历经了一再的家国变迁与人世浮沉之后。

"莫以今时宠，难忘旧日恩。看花满眼泪，不共楚王言。"这是唐时王维所写的《息夫人》，寥寥数句，写尽了息夫人的前半生，被裹挟于几个国家之间的利益交错；而她的后半生，又被卷入了楚国的政治斗争之中，同样的波诡云谲。

明末清初之际，一位叫邓汉仪的士人感时伤事，在息夫人的际遇中看到了自己命运的影子，写下了："千古艰难惟一死，伤心岂独息夫人"。然而历史上的那个息夫人，并不是一个只会落泪的妇人，也不只是徒有美貌。她知利害，知进退，懂得察言观色审时度势。更重要的是，尽管她看上去那么的柔弱，可是在那些强权者面前，无论是楚王还是子元，她始终没有失去自我独立的人格。

在乱世的裂隙中，息夫人静默地守护着自我的尊严。她的复仇，她的抗争，同样值得被铭记。

城濮之战
——真正的霸业，自战火中淬炼而就

《左传·僖公二十八年》（狐偃）："微楚之惠不及此，退三舍辟之，所以报也。"

僖公二十三年（前637），因骊姬之乱而在外流亡的晋国公子重耳来到楚国，受到了隆重的招待。

宴席上，楚成王半真半假地戏问道："若公子得以成功返回晋国，将如何报答我？"

重耳郑重地作答，若能因您的庇护得以回国，他日若两君在中原相遇，我将避君三舍以为报——军队日行三十里，为一舍；三舍即九十里地。

两人再次相遇，是五年后在卫国的城濮①。

① 城濮，古地名，春秋时卫地，位于山东鄄城西南临濮集。

这次没有寒暄，没有盛宴。他们将用一场战斗，来决定中原霸权的归属。

| 一、宋襄公 |

若齐桓公尚在，与楚军对峙的，不会是晋国。

但这位春秋时期的第一位霸主已经于十年前（即僖公十七年，公元前643年）去世，其后齐国陷入内乱，后继乏人。与此相对应的，是中原霸权的悬置。

不少国家蠢蠢欲动，企图取而代之；然而有心者众，却多是心有余而力不足。因若无相应的实力支撑，便只能徒然成为笑柄。

以"仁义"二字著称的宋襄公，正是如此。

仁义，很早就是一个贴在宋襄公身上的标签。

宋国似乎有让位的传统。有宋穆公和宋宣公这对兄弟在前①，在父亲桓公病重时，尚未继位的宋襄公也曾试图让位给自己的庶兄目夷，当然这位庶兄没有接受。

① 见《东门十年》篇。

尽管如此，宋襄公此举还是为他赢得了称许。

在仁厚之下，宋襄公其实也是一个颇有雄心的君主。

宋国，在各诸侯国之间有着特殊的地位。周朝建立之初，遵循"兴灭绝继"的原则，并没有将商朝后裔赶尽杀绝，而是分封于商丘，让商朝宗嗣得以延续，是为宋国。有别于其他诸侯国，宋国可以以天子礼乐奉商朝宗祀，与周为客。

只是随着时间的推移，尤其是东迁之后，周王室衰落，诸侯之间以实力相竞，宋国原有的光环渐渐褪去了。像所有其他的诸侯国一样，它或主动或被动地卷入了各种战争中。

但在宋襄公内心深处，依然保留了这种自尊与自傲。而现在，没有比成为霸主更能彰显宋国尊贵地位的路子了。

宋襄公一度以为自己和霸主之位很近。

他第一次大出风头，是在僖公十八年（前642）。那时齐国因齐桓公之死而陷入内乱，宋襄公带领着曹卫等诸侯国出兵平定，并迎立了齐孝公。

发号施令，号令诸侯，这种感觉很美妙。现在，连齐国这个前霸主国家都要仰赖自己，仁义之名更甚。念及此处，宋襄公不由得开始飘飘然。

然而各诸侯国怀念的依然是齐桓公的时代。那个抵御戎狄、保卫诸侯的齐桓公。为了重修齐桓公时建立的秩序，在陈国的提议下，陈、蔡、楚、郑等国在齐国结盟，但宋襄公却没有参加。他有了别的心思：齐桓公既然不在了，自己何不取而代之呢？但臣服于自己的诸侯国太少，他想着该如何召集诸侯举行盟会。

很快，他就开始了行动。先从周边小国入手。他抓滕宣公、杀鄫国国君鄫子，雷厉风行，企图以此为威慑。而宋国的司马，即当初拒绝了让位之情的庶兄目夷，对此颇为担忧。他准确地分析宋襄公与齐桓公的差距：

齐桓公即便有存三国之功勋——邢、卫和陷入"庆父之乱"的鲁国，由此赢得诸侯顺从，尚且有争议之声，认为其德不厚。现在宋襄公却侵害两位国家的君主，把他们当作了自己求霸路上的祭祀品，怎么可能成功呢?

他悲观地预言道:"将以求霸,不亦难乎?得死为幸。"不仅求霸不成,宋襄公还可能不得善终。而宋国受其牵连,将有亡国之危。

后来发生的一切,确如目夷所料。但此时的宋襄公,却沉浸在霸主的美梦中不能自拔。为了求霸,他甚至想到了让楚国来助自己一臂之力。

彼时楚国刚刚兴起,势力已触及中原,不少诸侯国附庸于它。若是楚国能将其中的一部分分给自己,岂不美哉?

僖公二十一年(前639)春,宋、齐、楚召开了"鹿上之盟",宋襄公殷切地表达了自己的想法。楚成王看着眼前这个人,只觉得荒唐可笑。盟主之位是自己打下来的,怎么可能是求来的呢?但他表面上云淡风轻地答应了。

宋襄公很高兴,到了秋天,兴冲冲地去盂地参加集会。自己即将成为真正的盟主了,商朝后裔重新振作了!上天并没有抛弃我们啊!他看着前来参会的陈、蔡、郑、许、曹等诸侯，想着哪些可能会被划入自己的势力范围之内。

可惜，是梦，终究要醒的。这是个陷阱，在此次会盟上，楚成王轻易地抓住了他，然后"执宋公以伐宋"。开门揖盗，他成了送入虎口的羔羊，被楚国当作人质来对付自己的国家，成了诸侯国间的笑话。

宋襄公的自不量力，早已为人所知。鲁国大夫臧文仲听闻他想会合诸侯，评价说："以欲从人，则可；以人从欲，鲜济。"人若被欲望驱使，是少有能够成功的。

而在国内，目夷更是几次三番地加以告诫。

"鹿上之盟"前，他说："小国争盟，祸也。宋其亡乎，幸而后败。"

"盂之盟"时，他又道："祸其在此乎！君欲已甚，其何以堪之？"

但宋襄公的自大并不能让他听进去任何意见；哪怕他为楚国所俘，饱受屈辱，依然不愿意吸取教训。

几个月后，在鲁国等国的调停下，楚国将宋襄公释放，而这个狼狈归来的国君并没有放弃；他竟想着找楚国算账，挽回一点颜面。

目夷无奈道："祸犹未也，未足以惩君。"

真正的大祸，很快就要来了。次年，泓之战爆发。

僖公二十二年（前638），宋国执意进攻郑国，引来了楚国的围攻。

臣子劝阻道："天之弃商久矣，君将兴之，弗可赦也已。"商朝已经灭亡很久了，子孙想要令其复兴，恐怕是逆天之举。以现实而论，宋国全然不是楚国的对手，理应收兵而回。但心高气傲的宋襄公坚决要应战。

两军相遇在泓水两边，宋军率先摆好了阵列，而楚军正在渡河。

战则战矣，他不趁着对方渡河时进攻，也不趁着对方渡河后阵势尚未摆开时进攻，而是非要对方全然准备好后再行动。结果毫无悬念，宋军大败，宋襄公的护卫兵被歼灭，他自己大腿中箭受伤，侥幸捡回一条命。

伤重的宋襄公依然振振有词："君子不重伤，不禽二毛。①古之为军也，不以阻隘也。寡人虽亡国之馀，不鼓不成列。"他依然以"亡国之馀"自居，坚守着已经过时的规则，说要放过那些受伤的士兵和老人。

对这个昏了头的国君，目夷终于忍不住斥责道："若地形对我方有利，这是上天在帮助我方，顺势而为有何不可？何况即便如此，都还担心我方未必能够取胜呢。面对强大的敌人，就算是老人，该抓也得抓；敌人伤而未死，该继续攻击就该攻击。"最后，他几乎愤怒了："若爱重伤，则如勿伤；爱其二毛，则如服焉。"将士上战场是来杀敌的，若是这个也怜惜那个也爱护，那还不如不打，直接投降算了！

目夷的愤怒是理所当然的。因为宋襄公的迂腐和无能，宋国多少将士、多少卿大夫子弟折损于战场。他对敌人的怜悯，是对自己国家的残忍。这何尝不是一种虚伪。

更讽刺的是，次年，他当初出兵拥护的齐孝公前来讨伐，罪名是他不参加齐国的会盟。

数月后，僖公二十三年（前637）夏，泓之战中所

---

① "二毛"指头发花白的老人。

负的旧伤发作，宋襄公郁郁而终。

所谓的霸业，自始至终都是他的一厢情愿。

| 二、楚成王 |

与墨守成规且志大才疏的宋襄公不同，楚成王一出场就是一个好勇斗狠的形象。

息夫人生有二子，楚成王是次子。最初国君是由其兄长担任的，但是这位兄长在位几年庸碌无为，疏于国政，而成王的锋芒渐露。

庄公二十二年（前672），这位兄长意图将他除去，被迫出逃的成王很快就倚靠随国的力量完成了反杀，夺得了国君之位。

杀兄弑君，这是他走上政治舞台的第一幕。但他并非是个暴君，相反，是个极有智慧的政治家。

楚国被中原诸侯视为蛮夷，天然被排挤；而他则主动向周天子进贡，赢得周天子的好感，被赐予祭肉，周天子还命他"镇尔南方夷越之乱，无侵中国^①。"

王命若只遵从前半段，成王便可名正言顺地征伐周边小国，扩大疆域，渗透影响力。至于后半段，只是时机未到。他并非不想北上侵犯，只是眼下力有不逮罢了。

楚成王也曾反复试探，多次攻打郑国这个通往中原的门户，但其时的中原正在齐桓公霸业的庇护之下，郑国始终不肯背叛齐国而投降。连郑国都无法拿下，又谈何入主中原呢？

虽然楚国尽量避开齐国的锋芒，但是齐桓公已经忍无可忍，决定主动出击，打压楚国的气焰。

这个时机来得很巧，像是被意外引发的一般。

这日天和气清，齐桓公兴致很好，与蔡姬泛舟湖上。蔡姬想来是年轻，又有些调皮，故意晃荡这小舟，吓得桓公脸色大变，喝令停下。而她只当是情趣，没听出愠怒之意，还是玩得不亦乐乎。

上岸后，惊恐未定的桓公盛怒之下就将蔡姬赶回了

---

① [汉]司马迁：《史记·楚世家第十》，浙江古籍出版社，2000，第529页。

娘家蔡国，却又没有正式断绝婚姻关系，想来对她多少有些留恋，等气消了再接回来也未可知。但是蔡姬对这位霸主似乎并不上心，很快就另行改嫁了。

这桩婚姻的变故，却差点引发了齐楚之间的一场大战。

僖公四年（前656），被拂了面子的齐桓公直接联合诸侯军攻打蔡国。蔡国这个小国如何经受得住，很快便溃不成军。

攻打蔡国的既定任务已然完成，但诸侯军并未收兵返程，而是向着楚国的方向继续进军——而这，才是齐桓公大举出兵的真正原因。

楚国连着三年攻打郑国，早已令中原诸侯苦不堪言。前一年，齐桓公就特意召开了"阳毂之会"，商量伐楚之事。蔡姬或者蔡国，只是无足轻重的小插曲而已。真正的主角，是齐楚两个国家。

齐国这方，率领宋、陈、卫、郑、许、曹等诸侯军队浩荡而来，士气高振。

楚国这方，则快速地谋划着应对方案。它向来都是对外进犯，何曾被这般讨伐过，敌人还是声势如此之大的诸侯联军。

楚成王决定先派个使者前去探探口风，看齐国意欲何为。而后便是一段精彩的外交辞令的交锋。

楚国使者："齐楚两国，一北一南，风马牛不相及。如今贵国来到此地，所为何事？"

诸侯联军的代表管仲于是搬出了一堆冠冕堂皇的理由：一是西周立国之初，周室赋予了齐国征伐之权。楚国不进贡周室祭祀所需的包茅，因此讨伐。二是当初周昭王南巡至于汉水而不返，因此前来问罪。

周昭王南巡是西周时的事，相去已有三百多年——当时的周王朝还在开疆拓土的阶段，周昭王应是死于征途。双方心知肚明，这不过是莫须有的罪名而已。

未进贡包茅是小过，楚国使者回应日后一定改过。而昭王不返是大事，使者只能含混而过，表示不知情，"君其问诸水滨"——不如去问问水边的其他国家吧。

这番较量下来，齐国措辞强硬，不仅未退兵，还继续往前进军，而后驻扎了下来。似乎一场大战在所难免。

楚国接着派出了第二位使者，大夫屈完。这时，齐桓公的真正目的才显现了出来。

他特意号令所率领的军队列成战阵，自己与屈完乘车检阅。

"以此众战，谁能御之？以此攻城，何城不克？"齐桓公一副成竹在胸的模样。

然而屈完并未被这阵列的气势压倒，回应不卑不亢："您若是凭借德行来安抚诸侯，谁敢不服？若是想以武力，那么楚国将以山为城墙，以汉水为护城河，您的军队再强大也未必有用武之地。"

他看出来了，这是一场军事演习，意在威慑，而非真的要大动干戈——当然，若是楚国如同蔡国那么弱小，那么这些诸侯军显然也会毫不客气地将其碾压。但现在，他们显然还办不到。

和解是最好的出路。于是双方举行了和平会盟，诸侯退兵。

讽刺的是，几年后，郑国因周王室内乱的缘故逃离齐桓公主持的首止会盟，而被诸侯国讨伐。这时出兵救郑的反而是楚国了。

大体而言，在齐桓公的时代，齐楚两国都小心翼翼地避免着交锋。这在郑国问题上可见其行为模式：楚攻郑，齐救，楚退；齐攻郑，楚救，齐退。如此来回，中原与楚国处在较为稳定的界限两边。

但是随着齐桓公的去世，楚成王加紧了北上的速度，周边小国纷纷臣服，意图成为新霸主的宋襄公也在泓之战中大败。

宋襄公死后，宋国很快就与楚国达成了和解。宋襄公之子、继任的国君宋成公亲自前往楚国，表达了顺从之意。

中原，对楚国而言，似乎指日可待。

| 三、晋文公 |

就在宋襄公去世的次年，僖公二十四年（前636），流亡在外十九年的公子重耳回到了晋国，史称晋文公。

这一路过来，留下了不少诸侯国的印记。有曹、郑、卫这样小国的傲慢无礼，有在泓之战中惨败受伤的宋襄公的心有余而力不及，也有秦楚两国的慷慨与助力。

在不同国家游历时，重耳遇见了不同的女子。在她们身上，或可窥见这一时代女子的面貌。

为避骊姬之乱，重耳先投奔的是他母亲的母国翟国，翟人献给了他一对姐妹。她们一路跟随，比重耳年长的赵衰娶了姐姐叔隗，叔隗所生的儿子赵盾，将是此后晋国历史上最为重要的权臣。重耳自己则娶了年纪小的季隗。

重耳在翟国待了十二年，离开前，对季隗许下了一个颇为好笑的约定："请等我二十五年，二十五年后我若还不来，你就改嫁吧。"

当时重耳已届中年，二十五年后，怕是人生也该走到尽头了吧。季隗听出了话中之意，既然不想让自己改嫁，何必还假装情深义重与开明豁达呢。所以她直接挑明："二十五年后再嫁，我怕是已经在棺材里了。还不如一直等你。"

接着到了齐国，重耳原想借齐国之力回国，但此时的齐桓公已步入晚年，力有不逮。他颇为看中重耳，将女儿齐姜嫁给了他。作为齐桓公的女儿，齐姜见识深远，才智过人，杀伐果断。

重耳在齐国渐渐耽于安乐，忘了当初的四海之志，声言要安老在此地。追随他的谋臣们于是私下密谋着离开，被齐姜的侍女听闻并汇报给了齐姜。齐姜杀之，并让重耳听从他谋臣的意见。重耳想到前路艰险，拒绝了。

齐姜见此，不再规劝，直接付诸行动。温言软语之中，将重耳灌醉，交给了他的谋臣，强行送出了齐国。

到了秦国，秦穆公赠送给重耳五位女子，怀嬴也在其列。怀嬴是秦穆公的女儿，本是晋怀公——重耳弟弟晋惠公之子——在秦国为人质时所娶，后晋惠公去世，怀公逃归晋国继承君位，她却留了下来，现在，又跟随了重耳。

她端水伺候重耳洗脸，重耳洗后不用手巾，挥手甩干，态度倨傲。怀嬴性子颇烈，责问道："秦晋两国地位相等，你凭什么轻慢于我？"见她发怒，重耳惶恐，急忙脱去上衣，自求以谢罪。

这些女子个性分明，极有主见。季隗的刚烈，齐姜的谋略，怀嬴的自尊，都令人印象深刻，也令重耳自愧不及。她们并没有将自己全然视作是男性的附庸，而是对于自己的处境有着清醒的认知。

当然，重耳对怀嬴的请罪，也有形势所迫的原因。毕竟，此时的他需要借助秦穆公的力量方能回国。

其后，重耳夺取君位，杀死晋怀公，剪除其党羽。安定好后，先接回的也是怀嬴。怀嬴来晋，秦穆公赠送了三千护卫，排场浩大。而后齐姜与季隗也回到了晋国，算是个圆满的结局。

秦国对晋怀公的抛弃在意料之中。他的父亲惠公多次言而无信，让秦穆公不再信任；他本人本在秦国为质，又私自逃回晋国，与秦国反目。

在与秦国的关系上如此，而在国内，他们也未能赢得民心。这对父子一直提防并忌惮重耳回国。怀公继位后，颁布了命令，晋国的臣民不准跟随重耳；跟随的，也必须要在规定的期限之内回来，否则不予赦免。

在跟随重耳流亡的大臣中，有一对兄弟，狐毛狐偃，他们的父亲狐突还留在晋国。怀公想逼迫狐突让两个儿子回来，狐突不肯，最后因此而死。如此一来，晋国上下更是寒了心。

这是秦晋两国的蜜月期。晋文公与秦穆公相互配合，一起联合出兵，攻城略地，彼此都在战争的胜利中磨砺着爪牙。

尤其是晋文公，他在多年以后，终于有机会一展抱负了——求霸于诸侯。这也是跟随他一路艰辛走来的大臣们的志向。

他回国这年，周王室发生了动荡，周襄王因为"子带之乱"①而被迫出奔。狐偃建议道："求诸侯，莫如勤王。"晋军随之助其平乱，迎襄王入王城。不仅受赐

① 见下篇《颓带莙祸》。

土地，更取信于诸侯。

与楚国的对抗，正是争霸路上所必须要经受的考验。

而战争的导火索，却是在宋襄公时就埋下了。

当重耳流落至宋国时，宋襄公尽心招待，还送了他二十乘马——即八十匹，极为慷慨。重耳回国后，自然与宋国交好。当晋国势力渐大之时，宋国叛楚即晋。

不算意外。宋国对楚国的顺从，是对其武力的屈从，华夏与蛮夷之别犹在，宋襄公的被俘及泓之战战败的屈辱更是刻骨铭心，他只是一直在等待摆脱楚国的机会而已。

僖公二十六年（前634）冬，楚师伐宋，宋国向晋国求援。

｜四、城濮｜

从一开始，晋楚两国对这场战争的期待就是不同的。

在接到宋国的请求后，晋国的第一反应是："报施救患，取威定霸，于是乎在矣。"晋文公其时继位不过两年，但是称霸的雄心一刻不曾忘怀。

其实最初，他只想着解救宋国，并不打算与楚国正面交锋。这从晋国最初定下的作战策略便可看出："楚国刚刚得到曹国，并与卫国联姻。如果前去讨伐这个两个国家，楚国必然要去救他们，如此，齐国和宋国就可以幸免于难。"提及齐国，是因其与鲁国的矛盾，此刻正在被鲁国借楚军之力攻打。救宋，自然也可顺便救齐国。

曹国在卫国以东，对晋国而言，渡过黄河便可抵达卫国，自卫国过境伐曹最为便利。但过境的请求为卫成公所拒。晋国的用意赫然可见，而卫国不愿开罪楚国。而后，晋军绕道渡河，还是直逼卫国而来，卫成公慌了。此时再求和解已然不可能，况且晋文公还要报当年他流亡到卫国时，卫成公的父亲卫文公的无礼之仇。

要不投奔楚国吧，卫成公想。但是朝中的大臣们并不同意，为了讨好晋国，他们向卫成公施加压力，最后卫成公被迫出奔。

顺利拿下了卫国后，晋国经过一番苦战，攻下了曹国。但是宋国依然被楚国围困着，形势不但没有得到缓解，反而更加危急。

难道真的要与楚军开战吗？晋文公没有把握——除非有齐、秦两国的协助。那就得想办法让齐、秦两国与楚国加深矛盾而主动与之对战。

先轸献策道："不如让宋国绕开我们，直接去贿赂齐、秦两国，并让两国向楚国请求解围。同时我们再把曹、卫的田地分给宋国，激怒楚国。如此一来，楚国一定会舍不得曹、卫两国，而不肯答应齐、秦的请求。而齐、秦两国若贪恋宋国的财力，又怎会不对楚国心生怨恨呢？"

晋国意欲慷他人之慨，以利相搏，而事实证明这是行之有效的。

与晋国慎重以待、将此当作定霸之战不同，这次战争对楚成王而言，只是北上中原诸多战争中的一个而已。

他已继位四十年，天下形势之反覆已经见惯。他评价晋文公说："晋侯在外十九年矣，而果得晋国。险阻艰难，备尝之矣；民之情伪，尽知之矣。天假之年，而除其害。天之所置，其可废乎？"

他也洞察了晋国所设的陷阱，这是一个阳谋，除非如晋国所愿，从宋国撤军。但是主帅司马子玉不肯听从。

子玉气盛，坚持请战，不肯让步。楚成王发怒，最后只留了少量的兵力给他。

其时，楚军内部已经分裂。晋国所面对的不再是楚成王，而是司马子玉，尽管他也代表了楚国。

子玉先是派使者前去谈判：晋国恢复卫成公的君位，退还曹国的土地；而楚国解除对宋国的包围。

这个条件，本已达到晋国最初出兵的目的。但是此时的晋国，想要的显然更多。既然已经出兵，战果自然多多益善。

狐偃提出，这是以一换二，对晋国不公平。

老谋深算的先轸则认为，应该先答应，因为现在是是楚国提出了和解的方案，一言平定三国，大家记得的是楚国的恩泽。若是晋国反对，那么理亏无礼的就成了自己，且与三国都结下了仇怨。

当然，他的重点不在这里，而在于如何化被动被主动。他再次献策：离间楚国与曹、卫两国——私下向两国许诺助其复国，换得两国与楚国的断交；同时又逮捕使者，激怒楚国。

这一番腾挪之下，曹、卫果被利益驱使，站在了晋国这边。而吃了暗亏的子玉率兵怒追晋军，正中晋军下怀。

晋军退避三舍，并不与之正面对决。

晋军将士不解，以此为耻。狐偃则解释说，这是为了报答当年楚成王对晋文公的恩惠。而三舍之后，对方作为楚国臣子，还要进犯我方的国君，那么便是对方的无礼了。

于此，晋文公践行了当年的诺言。

僖公二十八年（前632）夏天，卫国，城濮，决战的时刻到了。

晋国这方，有齐、秦、宋；而楚国，子玉只能调动不多的兵力以及陈、蔡等盟国前来辅助的军队。战争结果并无悬念，楚军大败。

晋国一战定霸。

但事实上，楚国的军事力量也没有受到大的影响。楚成王在此战投入的兵力并不多，而且战争中，虽然楚国左右两翼部队溃败，但是子玉在最后关头下令他所率领的中军及时收兵，也保存了实力。

在回国的路上，子玉收到了楚成王的口信："你若回国，有何面目见申息两地的百姓呢？"战争中牺牲的士兵多出于此。

子玉苦笑，知道自己早已不容于成王。从前是有军功在身，自可理直气壮；而如今，他没有骄傲的资本了，于是自刎谢罪。

消息传到晋国，晋文公大为高兴。子玉固然好战，却也是一个为楚国荣誉而战的刺头。有他在，晋国必然不得安生。

多年后，晋国在邲之战中败于楚国，晋君也欲令主将以死谢罪，大夫就以子玉之死来劝诫：战败是一败，主将赐死是另一败，何必再增加敌人的功勋呢？

死之前，不知子玉是否想起了那一年公子重耳流亡到楚国时自己与楚成王的一番对话。

听闻重耳一番退避三舍的言谈之后，子玉认为他日后必会与楚国为敌，请求杀之以绝后患。而楚成王却说："天将兴之，谁能废之。违天必有大咎。"

他始终想不通，天命是什么，又为什么会在晋文公身上。现在，他也不用想了。

而楚成王，成了齐桓公与晋文公这两位春秋霸主霸业的见证者。此后，他再也没有机会北上中原了。

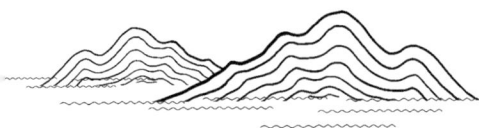

颓带莅祸
——驱虎吞狼，周王室的尴尬与衰颓

《左传·僖公二十八年》："晋侯召往，以诸侯见，且使王狩。"

春秋时期，有两条并行不悖的时间线。一边是热闹纷呈的诸侯争霸，你方唱罢我登场，今日把酒言欢，转眼刀刃相向。另一边则是落寞的周王室，从西周到东周，从渭河流域迁到河洛地区，天下共主的地位风雨飘摇，如繁花花期已过，一瓣一瓣日渐凋零。

王室衰微而诸侯国崛起，周王室不是没有危机意识。但几乎每次出手，都是铩羽而归；而每次落败，其威望又低了一分。如此这般挣扎着。

一、周惠王

时间来到庄公十八年（前676），此时距离周王室东迁已近百年，东周迎来了第五位天子，周惠王。这是一位试图有所作为的天子，他即位后首先要对付的政敌，是他的叔父王子颓。

王子颓自小就受宠，风头更胜于惠王的父亲周釐王。周釐王虽为天子，但在位时间不过几年，并没有将王权集中于手上。而这正是惠王打算做的。与其坐等王子颓势力增强，不如就此翦灭之，所以他以雷霆手腕发起了进攻。

他瞄准了王子颓的党羽，找了其中的五个大夫开刀。或侵占其菜园，或抢夺其田产房屋，或剥夺其俸禄。果不其然，利益受到触碰的五人，很快拥封王子颓发动了叛乱。这正中周惠王下怀，他迅速发动王室力量平定了叛乱，迫使王子颓逃离了周都。

周惠王很满意。他肃清了政敌、执掌了王权，该盘算下一步计划了，比如重修周王室的威望。

然而他错算了一步——低估了诸侯国的野心。他们密切地关注着王室事务，蠢蠢欲动。

率先冒出来的是卫国。

卫国与周都相去不远，卫惠公主动接纳了王子颓。
此举是以其人之道还治其人之身，因他当年借助齐国之
力重回卫国夺回权力后，落败的政敌就投奔了周王室，
对他构成了胁迫。[①]时移世易，卫惠公决定伺机报复。

他联合南燕国支持王子颓，发兵攻打周都。诸侯军
势如破竹，王室几无招架之力。最后周惠王被逐，王子
颓被立为周天子。

王室已然衰落至此，连卫国这样不甚强大的诸侯国
都能任意欺凌之。周惠王深切认识到了现实之残酷。只
凭自己，显然是无法与之抗衡的。他不得不寻求新的出
路，而当下，唯有联合诸侯方能对抗诸侯。

他找到了郑国，郑厉公热情地接待了这位流离在
外的天子，也爽快地答应了他的请求。这位历经了国内
君位争夺变故并最终胜出的国君，心思缜密且城府颇

---

① 见《二子同舟》篇。

深。①他意识到这是一个勤王的好机会。周王室虽然衰微，但其天下共主的名号仍然在，谁敢挑战，必然引得其他诸侯国群起攻之。而勤王，便是替王室做事，能够为自己赢得民心，并提升在诸侯国中威望。卫惠公虽然名义上也是为了安宁周室，但王子颓毕竟名不正言不顺。

于是，郑国联合了与周王室向来亲近的虢国，一起出兵前往周都，将惠王送归。为绝后患，还杀了王子颓以及那五位作乱的大夫。历时三年的"子颓之乱"由此终结。

但是此次叛乱衍生的余波依然未能平息。

动乱令周王室本就不稳的根基更为脆弱。为了答谢郑、虢两国，周惠王分别赐予了土地。虽说普天之下莫非王土，但如此一来，王室所真正能掌控的土地进一步缩小了，这也意味着其力量不得不随之消减。

其间还发生了一个小插曲。当时郑厉公宴请惠王，惠王赐给他王后所用的铜镜；而当虢国求赏赐的时候，

---

① 见《齐大非耦》篇。

得到的却是更为贵重的青铜酒杯。这令郑厉公大为光火。以往面对郑国与虢国，周王室似乎总是有意偏袒虢国；而此次显然郑国的功绩最大，却依然如此。尽管郑厉公不久之后就去世了，但是这份芥蒂在郑国人心中留存了下来，并将在未来周王室的动乱中继续推波助澜。

此刻的惠王远没有意识到这一点，他只庆幸着劫后余生。尽管历经了一番波折，尽管他不得不屈尊寻求诸侯的协助，但结果总归是好的。至少，他的天子之位稳固了。

看着各路诸侯纷纷扰扰，他的心绪颇为复杂。他心知那些打着天子的名义四处征战的诸侯，说是为了弘扬天子的德威，其实不过是借用这个名义谋取各自的霸业罢了。但他能做什么呢？或许他该安慰自己，这天子之名号还是有些价值的，至少明面上谁都不敢忤逆。

自己就安守在王畿之内吧，他安慰自己，至少在这里还是由自己说了算的。然而事实上，这点权力很快也将不受他掌控了。

| 二、王子带 |

僖公五年（前655），周惠王即位二十年后，齐桓公召集了首止会盟，鲁、宋、陈、卫、郑等国纷纷出席，盟会的主旨是"谋宁周也"。

彼时周惠王尚在位，群臣也无叛乱之迹象，那么周王室的不安宁因何而起？是储君之位未稳！

晚年的周惠王有了更立太子的念头，想要废太子姬郑，立王子带为储君——王子带由他最为宠信的惠后所生。这本是周王室的内政，所以他万没有想到这些诸侯竟然会来干涉。首止会盟，正是齐桓公为了支持周太子姬郑而召集的。

这次，周惠王不想再屈从了，试图放手一搏。他先是想到了关系亲近的郑国。这些年郑国一直摇摆于齐国和楚国这两大国之间，于是他特意召见郑文公，许诺让晋、楚两国作为其依靠，以此鼓动他背叛齐国。只要周朝能够与晋、楚、郑结盟，那便可与以齐桓公为首的诸侯联盟对抗。

郑文公受宠若惊，但是齐国的威慑又令其不安。左右为难之下，他干脆逃离了会盟。但是他能逃去哪里呢？天下虽大，不是盟友，便是敌人。对齐桓公而言，逃离就意味着背叛。紧接着，一场围绕着郑国的战争展开了。

诸侯军发兵郑国，楚国为救郑国则进攻许国，逼迫诸侯军队不得不放弃郑国而回救。几次反复之后，郑国在重压之下终于坚持不住了，放弃了抵抗，主动向齐国求和。郑国只是颗棋子，它倒向齐国，意味着周惠王的失败以及齐桓公霸业进一步的稳固。

郑国向齐国投诚这一年，周惠王去世。他是带着愤恨与不甘离去的，他知道，诸侯将进一步染指王室，而王室的未来只会是一片黯淡。江河日下，他所有的挣扎都不过是一场徒劳。

但是周惠王的死讯并没有被及时发布。太子姬郑忌惮着王子带，担心有变，先派人偷偷前往齐国，寻求齐桓公的帮助。而后齐桓公再次召集诸侯，在支持姬郑一事上达成了共识。姬郑这才为其父惠王发丧，并如愿成为了周襄王。

如果说周惠王还曾试图与齐国等诸侯国对抗，那么倚靠诸侯之力、尤其是齐桓公的力量方能登上天子之位的周襄王已然失去了这个资格。而他的经历，也几乎是周惠王的复刻。

先是叛乱。周襄王有了诸侯的支持，而王子带也不甘于坐以待毙。既然诸侯国都与他为敌，那么他就从外寻求援助——他想到了戎狄。这股攻破西周王都、逼迫周室东迁的势力有着极为彪悍的战斗力，从来未能被完全消灭。他们一直活跃着，不断地侵扰着中原，令各国头疼不已。而现在，西周王室的后人，再次决定引狼入室。

僖公十一年（前649），各路狄人在王子带的召集下，气势汹汹地攻打周都，甚至焚烧了都城的东门。幸而常年在北部、西部与狄人交战的秦晋两国赶来，才阻止了其进一步的破坏行为。

然而，他们的力量也不足以打退狄人，只能一再议和。议和是暂时的，侵扰仍在。考虑到周王室的军事力量无法自保，各诸侯国又派兵前去防守，周王室的脆弱再次暴露在世人眼前。

在这场混乱中，始作俑者王子带逃往了齐国。

齐桓公的收留并不令人意外。王子带毕竟是王室血脉，而作为中原霸主，需要在弱势的王室面前维持主持大局的形象。当然，他也不是没想过将王子带送回周都，但是试探了一下周襄王的意向，显然怒气未消，时机未到。

王子带回到周都是十年之后的事了。当时周朝的大臣向襄王进言："吾兄弟之不协，焉能怨诸侯之不睦？"手足相残、支离破碎的王室形象，无法为天下楷模。虽然各诸侯国里父子手足相残之乱象早已横生，但周王室有义务维持礼乐尚未崩坏的表象。

周襄王同意了。

但王子带回来不久，祸乱又生。这次的引火自焚者，却是周襄王本人。

| 三、周襄王 |

周襄王在位这些年，看着齐桓公称霸，看着齐桓公死后齐国内乱；看着宋襄公意图争霸，又看着他作战中伤重而亡霸业成空……浮浮沉沉，只有周天子端坐钓鱼台，并与各国诸侯保持着相对稳定的关系。关系的和谐让他产生了错觉，误以为自己可以在其间扮演主宰者的角色。

僖公二十四年（前636），郑国与滑国之间冲突不断。郑国占上风时，周襄王派人前去为滑国说情。郑国心底的那根利刺此刻冒了出来。当年周惠王偏袒虢国，今日周襄王又偏袒滑国，莫非当郑国是好拿捏的么？一怒之下，郑文公不仅不听命，还将使者扣押了。

使者，代表的是周天子。使者被扣押，周襄王颜面扫地，触动了他本就脆弱的自尊心。在大国间苟延残喘的郑国，竟也有底气来对抗王室了？周襄王急需强大的武力来重振声望。可是举目四顾，无人可用。那个曾经扶他上台的齐桓公已经作古，其他诸侯国也自顾不暇；谁也不愿意沾染这桩麻烦事。

绝望之际，他竟然想到了宿敌狄人，那伙当年逼迫得他天子之位不保、引得各路诸侯焦头烂额的狄人。狄人的彪悍勇武给他留下了深刻的印象。

大臣们极力劝阻，进谏说狄人是虎狼之师，与华夏诸国相异，必不会听从掌控。况且周王室承平不久，不可无谓再起战乱。然而周襄王固执己见，对他而言，最重要的是保留周王室的颜面，却不知道借他人之力强撑的颜面终究无法长久。

当然他没有想那么多。当狄人如他所愿入侵郑国时，他只觉得高兴，为表感激，甚至不顾众人的反对，迎娶了狄人部落首领的女儿隗氏为王后。这种权力在握的感觉在周王室已失落了很久了，而现在，他拥有了。他不想去管这权力来自何处。狄人的，或是齐国的，有区别吗？他甚至妄想着，也许这样可以牵制中原那些轻慢他的诸侯国，不是很好吗？

但他的如意算盘很快落空了。

还是因为王子带。王子带与王后隗氏私通，被撞破后，襄王怒而废其王后之位。襄王此举无疑触怒了狄人，也给了王子带可乘之机。

情况随之急转直下。王子带与狄人本就是旧交，朝中也不是没有支持他的人——譬如当年奉周王之命出使，与狄人接洽的两位大夫。如今隗氏被废，二人担心狄人为此迁怒于自己，商议着不如拥立王子带起兵造反，还可以给狄人一个交代。

王室又乱了。面对叛军，襄王甚至连反抗都不敢就仓促逃离。他为自己找了个冠冕堂皇的理由：若是杀了王子带，又怎么对得起死去的惠后呢？不如让诸侯们来商定一下这件事吧。他像一棵命运无法自主的墙头草，戎狄一向他发起冲击，他就又只能倒向诸侯寻求帮助。

驱狼逐虎，那权力是虚妄的。他不过是个被狼虎挟持的可怜人。

当然，周王室的价值还是在的，甚至有两个诸侯国争相着要送襄王回去，那就是长年与狄人作战的秦国与晋国。

晋文公的谋士狐偃点破了其中的玄机，"求诸侯，莫如勤王"。为周天子做事，不过是为了扬威于诸侯间。这时老成的秦穆公已率先行动了，他在黄河边上布下了兵力。可晋国离王室更近，占据了地缘的优势，顺理成章地就让秦军撤退了。

而后晋文公纳襄王，杀子带。这次，周襄王没再顾及手足之情，也没有再将早已去世的惠后放在嘴边。

四、尾声

作为报酬，大片的土地又从周王室分出给了晋国。晋国的版图得以扩大，而周王室的所属进一步缩小。整个周朝在数百年的统治期间，都没能解决这个土地问题，其式微之势，几乎是不可逆的。

经过此次勤王，晋文公向霸业又进了一步。而他也比前一位霸主齐桓公更加无视礼法。

在确立齐桓公霸业的葵丘会盟上，周襄王为答谢扶立之功劳，派使者出席会盟并赐予厚礼，并特意准许齐桓公无须下阶拜谢。但齐桓公谦让说自己应该谨遵诸侯的身份，坚持下台阶拜谢，再上台阶受赏赐。齐桓公此举，为其他的诸侯国做了表率；至少他们不敢堂而皇之地挑战王室的权威。所以周襄王对这位霸主是敬服且依赖的。

晋文公则不然，他在朝见周王时，径直提出了死后以"隧礼"安葬自己的请求。所谓隧礼，指以隧道为墓地，这是天子才有的待遇。晋文公此举，无疑是对礼制的僭越。周襄王恼怒之下，回绝得虽然客气，措辞却也强硬：这是王室才能享有的礼仪，"未有代德而有二王"，周朝还没有覆灭，怎么可能有两位天子？您怕也是不愿意看到这样的情况吧？

周朝虽尚未覆灭，但是天子，早已失去了往日的尊荣。

数年后，僖公二十八年（前632），晋国在城濮之战中大败楚军，确立其霸业。而后在大会诸侯的践土之盟上，晋文公为了显示其权威，甚至胁迫周襄王前来参加，"晋侯召往，以诸侯见，且使王狩"。以天子之尊，竟然任由诸侯驱使，晋文公气焰之盛由此可见。为了顾及周室的尊严以为避讳，孔子在《春秋》中只能隐晦地说："天王狩于河阳。"天下是天子的天下，他只是在自己的土地上狩猎罢了，不是被迫受召去为晋文公的霸业助兴的。但，这也不过是自欺欺人罢了。

"颓带茬祸，实倾周祚"，唐代史学家司马贞在《史记索隐》中如此评价王子颓与王子带先后造成的这两次祸乱。在周王室走向覆灭的旅途上，王子颓与王子带负有不可推卸的责任。但，无论有没有这两场祸乱，最后的结局都早已注定。他们只是在周王室本就不甚牢固的支柱上，用力地撼动了几下。

东周王朝本就先天不足。因在渭河平原上不堪戎狄的侵扰，周王室才在诸侯国的辅助下将王室迁到河洛一带。这场狼狈的逃离，松动了其统治的根基。当诸侯国纷纷崛起时，王室的权力也在一步步被蚕食。此消彼长，天子之位的架空，也是意料之中的了。

是的，属于周天子的辉煌时代早就落幕，王室子孙们只是苦苦地支撑着，试图让那幕布落得慢一点而已。

蹇叔哭师
——崤山，秦穆公争霸中原的折戟之地

《左传·僖公三十二年》（蹇叔）："吾见师之出不见其入也！"

　　僖公三十二年（前628）冬，晋国，晋文公重耳去世。

　　他这一生，波澜壮阔瑰丽奇诡，没什么可遗憾的。早年因为内乱，流离在外十九年，历经各路艰辛；夺得君位后励精图治，秣马厉兵，争霸于诸侯。他逼退了率大军自南方奔袭而来的楚国，奠定霸业；甚至，他迫使周天子出席了宣扬他霸业的会盟，一时风光无两。

　　更重要的是，这份尊荣与骄傲一直伴随着他，直到生命的最后一刻——晋国的政权交接平稳顺利，他辛苦

经营的基业不会因他的离去而烟消云散。而这，已然比他前一任霸主齐桓公幸运太多。

| 一、霸业 |

这两位春秋早期的霸主，前半段的人生轨迹惊人地相似：他们都曾因国家的内乱出逃，流亡途中都有一批忠心的谋士跟随照应，归来主政后又安邦定国，挟天子以令诸侯。

然而不同于晋文公的安然辞世，晚年的齐桓公凄惶惨恻，死于孤独与绝望。始作俑者，正是他自己。前半生的功成名就不知不觉成了温柔的陷阱，周天子的器重倚赖与大小诸侯国的顺从，消磨了他曾经的睿智与雄心。管仲之死，更令这个强大的国家向着另一个方向迅速坠落。

管仲临终时，齐桓公前去探望，问及三位近臣，易牙、开方、竖刀，是否可用。管仲一一都予以了否决。这三人为了取媚于桓公，一个杀子献糜只为让桓公一尝人肉滋味、一个见齐国强盛而背弃了自己卫国的亲人投奔而来、一个则不惜引刀自宫只为伴君左右。对亲人与自己都能下此狠手，又怎可能忠于君王？不过是献媚于上罢了。没有底线的人，不可信。

可惜齐桓公没有听从，依然将他们召了回来，宠爱有加。少了这几位，他食无滋味，睡不安寝。他已经离不开左右顺从奉承的日子了。而当这几位佞臣与未来的储君谋于一处时，他将告别苦心经营了四十年的太平岁月。

齐国的后宫情况非常复杂。齐桓公有三位夫人，均无子。他宠爱的如夫人倒是有多位，相继为他生下了五位公子。五位公子中，公子昭在管仲等人的支持下已被立为储君，并托付给了宋襄公。君位定，国家的根基就稳。然而管仲一死，头脑昏聩的齐桓公就在易牙等人的鼓动下，转口答应另择他人为太子。君口一松，公子们的心思便都活动了起来，开始各自拉拢势力，处心积虑谋求君位。

最后的时光，齐桓公是在孤独与绝望中度过的，曾经亲近的人都簇拥在将来可能的新君身边，大献殷勤。

他已年老无力，被软禁于高墙之内，无法再号令谁——没有易牙等人的命令，无人能入这堵高墙。墙外已经搭好了新的台子，而那个台子上并没有他的位子。没有亲人，没有朋友，连端茶送水的下人都没有，他于寂静中黯然病死，而齐国的宫廷热闹如旧。他的儿子们和大臣们忙着争夺权力，连为他收尸的闲暇都没有。数日之后，"尸虫出于户"，才被人注意到。直到两个月后，终于得以被大殓入棺。九合诸侯、驱逐戎狄、三平晋乱……霸业，不过是浮光掠影，最后他还是成了被抛弃的人。此时距离管仲去世，不过短短的两年。两年的时光，齐国已不复从前的盛景。

这是僖公十七年（前643）的冬天，随着齐桓公的去世，齐国陷入了内乱——尽管后来在宋襄公的几次发兵相助之下，太子昭终于击溃其他公子得以继位，但是这个国家已经大伤筋骨，霸业也就此走到了尽头。

齐桓公去世的十多年后，春秋时的第二位霸主晋文公也走完了他跌宕起伏的一生，丧礼将在晋国的土地上举行。幸运的是，晋文公早早就定了储君的人选——晋襄公，后来的事实也证明，这个稳重果决的继任者没有辜负他的期望。

只是，晋襄公与臣民们尚未来得及哀思、尚未送文公入葬，千里之外，一位老者先以一场痛哭将一批年轻的将士们送上了死亡的征程。

| 二、蹇叔 |

秦国，东门。虽然北风瑟瑟，这块硬冷的土地上却杀气腾腾。

秦穆公看着眼前整肃的军队，心潮澎湃。

秦国已经蛰伏得太久了，也已经等待得太久了，耐心已经被消磨到了尽头。秦穆公年轻时，为了博取大国支持，曾主动结交强大的晋国并向晋献公提亲，以秦晋之好来巩固并扩展势力；后来，他又分别扶持献公的两个儿子惠公和文公继承君位。

他眼睁睁看着晋君之位一再更替，看着晋国如何在献公时步入内乱，又看着文公如何重整山河。如今，文公功成身退，晋国又将迎来新君。晋国如日中天，可秦国，却还是原来的秦国；自己，一直都不曾真正地扬剑出鞘。连宋襄公，那个连战连败、被楚国压得喘不过气来的迂腐之人，都曾试图一展拳脚统领中原各国，难道自己还要畏缩在这西北苦寒之地吗？留给自己的时间还有多少呢？

"现在我掌管着郑国北门的钥匙，如果秦国的军队偷偷来袭，我做内应，一定可以成功。"

一份密报自东方传来。来得太及时了，上天给了他一个绝佳的机会。郑国，只要打下了郑国，那么中原各国就不远了——郑国是通往中原的一扇门，一个枢纽。它的位置如此重要，只要拿下了它，中原便少了屏障。曾经楚国想要打开这扇门，几番血战功亏一篑；现在轮到秦国来挑战了。

将士们斗志昂扬，穆公的热血也跟着沸腾了起来。但很快，就被人浇下了一盆凉水。出征的队伍前出现了一个老人的身影。蹇叔来了。

蹇叔出身高贵，聪慧而有才识。他身为齐桓公之孙，齐孝公之子，并非没有继任君位的机会，但是他主动避开这番争斗，一番辗转之后来到秦国，并为这个国家殚精竭虑。他举荐的很多良才，都得以在秦国施展抱负。

秦穆公对他也颇为看重。在出征前，他特意前去拜会蹇叔，询问意见：现在晋文公刚死，各诸侯国群龙无首，正是进军中原的大好时机。

他期待能得到蹇叔的支持。蹇叔却摇头道：劳师以袭远，不确定的因素太多了。千里而去，郑国怎可能不知道不做准备呢？我方长途跋涉，将士疲惫，对方却是以逸待劳。能有什么胜算呢？

但是秦穆公不甘心。郑国，不过是夹在大国中的一个小卒而已。两年前，如果不是一个叫烛之武的老人，这个国家怕也不复存在了。

两年前，秦晋两国还是盟友。那时的晋文公意气风发，刚刚在城濮之战中将踌躇满志前来侵犯中原的楚国打了个落花流水，打破了楚成王的称霸野心，打出了自己的霸业。他携胜利之余威，向之前倒戈楚国的郑国发难，并联合秦穆公挥师相向。一个强国便足以碾压郑国，两国夹击，郑国走投无路，几成粉末。幸而有烛之武。

烛之武年纪大了，处在半退隐状态，此前未被重用，他的一腔报国热情在岁月的消磨里渐渐冷却。如果不是这场危机的出现，他的智慧与口才也将湮灭在历史的尘埃里，这个名字也不会流传至今并熠熠生辉——他挺身而出，以一己之力劝退强敌，将郑国从几近灭亡的深渊里捞了出来。

兵临城下，烛之武深夜只身来到秦军营帐之中，拜见秦穆公。秦穆公至今还记得他的陈辞：晋国近，秦国远；郑国若亡，增加的是晋国的土地。"邻之厚，君之薄也"，一句话点破了秦晋之间的利害关系。晋国势力扩大，威胁的不是秦国吗？烛之武不卑不亢，穆公为之折服，最后不仅撤军，还派了杞子等人戍守郑国，用意不言而喻。而晋文公得知秦军的举动后，也就此罢手。郑国于是在夹缝中艰难地生存了下来。

现在回想，原来种子在两年前就埋下了——密报正是杞子传来的。秦穆公的野心被点燃了。他一直抱有鸿鹄之志，只是秦国位于苦寒偏远之地，要入主中原实在太难了。现在，机会送上门，没有人可以打消他对胜利的渴望。郑国倚靠的不过是晋国而已，晋文公刚死——至于新上任的襄公，尚未站稳脚跟，还在忙着给他父亲送葬吧？他忘了烛之武当日说的：越国以鄙远，君知其难也——千里迢迢地想把远方的国家纳入自己的领地，实在太难了。他也听不进去蹇叔的劝诫：劳师袭远，非良策。

可现在，这固执的老头跑到了出征的队伍前。他是来为自己的儿子送行的，也一并送别与儿子一起出征的将士们。作为一国的大夫与谋士，他无法主宰这些人的命运；作为一个父亲，他也无法保住儿子的性命。他最后能做的，是与儿子立下死别的约定：

此去郑国，晋国一定会在崤山设下重兵。那里有两座山陵，你必定会葬身在那里。你安心去吧，我一定会去那里为你收骸骨的。生离即死别。

秦穆公冷眼旁观，强压心头怒火，讥诮道："你怕是已经活得太久了吧，若是早些死，现在坟头的树恐怕早已高大茂盛得很了。"

蹇叔似乎没有听见，呆呆地目送着队伍远去，放声痛哭。他哭自己的儿子很快将成一具白骨，哭自己只能眼睁睁地看着这支军队走向死亡。他预见到悲剧即将上演，可他无能为力。战争已经开始，这些将士不会再回来了，可他这个风烛残年的老人却还要活着见证这场悲剧。

他哀号道："吾见师之出不见其入也！"

| 三、崤山 |

战事的发展果然如蹇叔所料。

此次远征，关键在于"偷袭"二字，一旦晋国得知消息并出兵，成功的希望就渺茫了。可是长途跋涉而去，怎么可能不泄露行踪呢？事实上，他们连郑国都没能抵达，最后止步于滑国。

滑国是一个微不足道的小国，依附于郑国。在这里，他们碰上了一个叫弦高的人。弦高是个郑国商人，往来于郑国和周朝之间做生意，贩卖货物获取差价，时常会路过此地。一见秦军的军容和动向，他立刻敏感地意识到来者不善。为了拖延时间，他假托自己是郑国的使者，并以郑国国君的名义献上牛皮和牛等货物——秦军的将士们远道而来，旅途劳顿，这些是我的国君犒劳各位的。寻常的商人焉有这样的见识与胆识？所以后世很多人揣度弦高的真实身份是间谍。

秦军见他从容不迫落落大方，大为惊慌——莫非郑国早就得到信儿了吗，否则怎会特意派人在此等候？在秦军踟蹰不定不知是否该继续行军时，弦高已派人快马加鞭赶往郑国报信。郑穆公得到消息，首先怀疑的自然是戍守在郑国的杞子等秦国将士。

他派人去探察，秦兵营地果然是备战的模样，虽然不敢冒杀，但也将他们遣散出了郑国，除去内应。秦军得知此事，确信事情泄露偷袭失败，只得悻悻然准备返程。可就此徒手回去实在不甘心，于是顺手就把滑国灭了，可怜的滑国成为被殃及的池鱼，自此消失于历史之中。但是秦军的这一小小胜利是他们死前最后的欢愉——前方等待他们的将是一场灭顶之灾。

僖公三十三年（前627），夏。崤山之上，草木隐隐，草木之后是身着黑色铁甲的晋军，还有他们请来的盟军——姜戎部落。

得知秦军来犯的消息，晋襄公既惊且怒。两国交好数十载，父亲尸骨未寒，他们却已迫不及待地想要取代晋国的位子，如何令人不心寒？所谓的敌友原来不过是旦夕之间。为表决心，晋襄公把白色的孝服染成黑色，亲自上阵督军，神色肃穆。他要用这场战役来告慰自己的父亲，也告知天下人，晋文公不在了，但中原，还是晋国的中原。

一切结束得太快了，更像是一场梦。这不是战争，而是残酷的猎杀。

秦军怀着轻松愉悦的心情踏进了崤山的包围圈里：不必与晋军正面对战了，可以松一口气也好，离家已经半载，现在终于可以回去了……号角声？

哪里来的号角声？怎的突然冒出来这么多人？这些是什么人？

在晋军与姜戎的两头夹击之下，秦军猝不及防，军心大乱，全军覆没。三个将帅被俘，三万秦军士兵魂无所归。他们出发的时候，寒风烈烈，走到现在已经是春夏之交了，山中草木葱茏，似乎专为掩盖他们尸骸而长成。他们回不去了，此后无尽的岁月里，只能与这山石草木为伴。

晋襄公一袭黑色的孝服，带着将士们高歌凯旋。将士们身着铠甲，隆重地安葬了文公。为了纪念此次战役，纪念文公，从此黑色成为晋人的丧服之色。

| 四、文嬴 |

战事胜利的喜悦与送别晋文公的哀伤并存于晋国都城。唯有一人，心绪更为复杂，那便是晋襄公的嫡母，文嬴。

文嬴还有另一个称呼——"怀嬴"。当年晋国骊姬之祸，晋文公重耳与弟弟夷吾皆出逃。夷吾在秦穆公的帮助下先回国继位成为了晋惠公，穆公还将自己的女儿嫁给了他的儿子，即后来的晋怀公——怀嬴的"怀"字正是由此而来。待重耳来到秦国时，秦穆公慧眼如炬，认为重耳更具君王风范，又将怀嬴嫁给了重耳，并助他回晋国杀了晋怀公取而代之。因晋文公的谥号，她的谥号也变成了"文"字。春秋之时，伦理纲常并没有后世这么严格，与侄子同娶一人也不是什么新鲜事。

文嬴连嫁晋国两任君主，都是出于政治的考量，她也深知自己身上担负着对秦国的责任。她能想见这场战争给自己的父亲秦穆公带来的打击。死去的亡魂不能复生，但是那三个将帅还在。他们被虏一日，对秦国的羞辱便重一分。现在两国势成水火，她也不能贸然开口求情。

思虑再三，她对晋襄公如是道："这三人葬送了这么多将士的性命，穆公必定恨之入骨，不如送他们回去，由秦国来惩罚诛杀他们。"

晋襄公未必不知道文嬴的用意，但还是应允了。也许是因着嫡母的情面，也许是对于秦晋两国的关系该走到哪一步他还有些不定。他想着把这二人先放了试探一下也好，尽管中途有过反复，派人前去追赶，但终究还是放了。

秦国，秦穆公远远地就已经等着了。他身着素服，老了很多。他想起了去年寒冬时那个被他讥讽"中寿，尔墓之木拱矣"的老人，想到了他于城门口那场肝肠寸断的恸哭，想到了当日于烈烈北风之中壮怀激烈的万千将士。如今举目四顾，唯有风声呜咽。

他在位三十年来，几乎从未行差踏错。他警惕国内贵族势力，任用外来人才，开秦国任用客卿制度之先河，将权力牢牢地掌控于自己一人之手。蹇叔、百里奚、伯乐……他们都非秦人，却都能为秦所用。在这些人的协助之下，秦国隐然已成大国。在崤山这场战役之前，细数起来桩桩件件皆是显赫的政绩。然而只是这一战，三十年苦心经营的家业霎时灰飞烟灭。这一战，也挫掉了他的傲慢与自负。

面对眼前低首请罪的三人，秦穆公摇头，这怎么会是你们的罪责呢？一切都是我的错啊，若非我执意不听蹇叔之言，又怎会有今日的惨败！

理智与气度回来了，他终究是一个明君。只是这些话对于蹇叔再无意义了，他要说的话，那年冬天都已说尽了。

现在，秦穆公只有一个念头，复仇。他没有惩罚这三人，而是选择了继续重用。他们也都明白，自己之所以还活着，是为了再次回到崤山，并且是以胜利之姿。

次年春天，秦人主动出击，但是晋军早有准备。秦人败北。

又一年，秦人再次伐晋，秦穆公亲自率领军队，"济河焚舟"，以示必死的决心。面对来势汹汹的秦军，此次晋人选择了坚守不出，避其锋芒。秦军终于如愿再次来到了崤山这个记录着他们耻辱的战场。他们垒石为坟，让当年死于此处的秦军将士们得以入土为安，告慰这些流落异乡的亡魂们——秦国没有忘记他们。

崤谷封尸而还，秦穆公对当年的惨败，给了一个交代。但是仅仅是一个交代而已，因为复仇并非是以完胜的形式完成的，甚至连战胜也说不上——晋国的避战是一种军事策略，反而显示了游刃有余的大国风范，其根基丝毫没被动摇。与崤之战中秦军的全军覆没完全不可同日而语。

秦穆公终于清醒地意识到，中原比自己想象的要更难以入主——晋国已心生警惕，若金汤一般横亘在东边。而崤之役给秦国带来的重创还远没有消失，无法与晋国正面对战。秦国，还需要蓄积更多的力量，才能再次东进。秦穆公就此挥师向西，"益国十二，开地千里，遂霸西戎"。

秦晋两国，至此一西一东，各自称霸。而曾经的秦晋之好，就像葬身在群山之中的将士，不会再回来了。

晋灵公不君
——赵盾，踏向专权之路

《左传·宣公二年》："赵盾弑其君。"

文公六年（前621），晋国，一场激烈的辩论正在开展，气氛焦灼而紧张。

辩论的双方，是晋国的重臣赵盾与狐射姑——他们的父亲分别是赵衰与狐偃，两人在晋文公重耳十九年的流亡之中始终伴随左右，而后助其建立霸业。赵盾与狐射姑蒙受先辈功勋的恩泽，各自掌握着权柄。

辩论的主题，则是当立谁为国君。此时，晋襄公刚刚去世，这位执政时间不过七八年的国君，以极强的魄力守住了其父晋文公的霸业。自他而后，谁有能力担此重任呢？

赵盾与狐射姑都认为，眼下的晋国尚在战事之中，需要一个年长且能干的国君来稳固人心，并不约而同地想到了几位出居在外的晋襄公的兄弟。但在人选上两人产生了分歧，并且各执一词，互不相让。

| 一、储君 |

所有人都清楚，国君人选的背后，是一场权力之争。

二人的嫌隙要追溯到晋襄公改革军制时。

处于春秋乱世，晋国深知武力的重要性，因此非常重视对军事的投入。晋襄公为了提升军队的作战能力，曾进行军制变革，以中军为尊。原本他下令由狐射姑为中军将，赵盾为军佐。然而在太傅阳处父——赵盾之父赵衰的旧部下——的运作下，二人的职务做了对调。此后，赵盾便开始执掌晋国的大权；狐射姑相应的，处处低了一等。

得知原委的狐射姑自然心有不甘。如今，正是权力重新分配的契机，若是赵盾拥立新君成功，那么其势力必将更胜从前一筹；而若是新君由自己来立，那么无疑权力的天平会倾向自己这边。所以，他断然不肯放过这个机会。

现在，赵盾支持的是出居在秦国的公子雍，理由是公子雍年长，而且秦国与晋国近，与之搞好关系有益于晋国的安稳。狐射姑就偏偏择选了另一位公子，出居在陈国的公子乐，理由是其母亲受两任国君的宠爱——公子乐的母亲辰嬴先嫁给了晋文公的弟弟晋惠公，后又嫁给了归国的晋文公。

然而母亲受两任国君宠爱的这个理由并不能服人，赵盾反驳道，这反而说明了辰嬴的卑贱，况且陈国小且远，无助于晋国。

唇枪舌剑，你来我往，始终无法达成一致。最后，两人决定各自行动，分别派人前去迎接自己心中的人选——谁先抵达，谁就入主。当年的齐桓公，也是这么坐上君主之位的。他在回国路途中被竞争对手、自己的哥哥公子纠射中，佯装遇害，而后加快行程才能顺利入主齐国。现在，相似的历史车轮滚落到了两位晋国公子的眼前。他们带着忐忑的期许踏上了回国的道路，谁会是主宰春秋的下一位霸主呢？

谁都不是。后来发生的事，证明了他们不过是这场权力斗争中的献祭品而已。

先是公子乐，他在途中被赵盾派去的人所害——赵盾要保证自己的人选没有对手。这样的釜底抽薪，剥夺了狐射姑的希望。心知大势已去的他，在逃离晋国前派人杀害了阳处父，了结了当年中军将之位被夺的恩怨。

如此一来，公子雍本该是获胜的那一方，至少赵盾、秦国，甚至是公子雍本人都是这么想的。对手没有了，国内有权臣赵盾的支持，而国外有大国秦国的护送，何其完美。秦康公是晋文公的外甥，与晋国颇有感情。当年，送晋文公入晋时，他曾作诗："我送舅氏，曰至渭阳。"晋襄公时期秦晋两国因多年交战，关系一度变得紧张。秦康公见晋国愿立公子雍为君，非常高兴。说不定两国可重修旧好。想到文公入晋途中差点被人谋杀，他还特意为此行增加护卫的人。

秦康公期待着从晋国传来佳音，没想到等到的却是凶信。

| 二、变故 |

其实晋国是有太子的。太子夷皋在，太子的母亲穆嬴也在。

只是太子尚在襁褓之中，而穆嬴又无权，于是这对母子就被无情地冷落、抛开了。朝廷上，两位权臣争得面红耳赤，听不见后宫之中，一个女子正在哀哀地哭泣。没有人愿意聆听，这勾心斗角的喧嚣之中微弱的声音。

是该跟随赵盾呢，还是该跟随狐射姑呢？所有人都在盘算着自己的未来。只有一个人，看到了这番热闹底下的危机，听到了那个女子哭泣声中的杀伤力。那就是荀林父。

其实荀林父也是元老了。晋文公在城濮之战后建立了三个步兵师，由荀林父率领中行①。他知道眼前的闹剧必然不会长久，只是那两个人的声音盖过了其余的一切，无人能够与之对峙。但他并非什么都没做。

---

① 参见《左传·僖公二十八年》，"晋侯作三行以御狄，荀林父将中行"。

当大夫士会被赵盾派遣去往秦国接公子雍时，荀林父主动找到了士会，建议他不如称病不去，说："夫人和太子都在，哪里有从外迎立的道理呢？"

他是真的爱惜士会的才干，知道此行必然不顺，而事情的发展也果然如他所料。公子乐死了，狐射姑逃离了，看似赵盾一家独大，实则不然，因为这也意味着支持废幼立长的力量的削弱。不仅如此，狐射姑的势力为了反对赵盾，也纷纷转向支持太子夷皋——毕竟正统的继承人还在，另寻国君有违先主的意愿。

现在，赵盾不得不正视之前一直被他忽视的那对母子。穆嬴的哭声就是锋利的匕首，也是她最有利的武器，她日日在朝堂上啼哭："先君有什么罪过？他的子嗣又有什么罪过？舍弃嫡子不立，而去国外找国君，你们准备怎么安置这个孩子呢？"这哭声如影随形，哪怕出了朝堂后，穆嬴也会找上赵盾家继续啼哭："当日先君将这个孩子嘱托给你，说：'如果这个孩子能够成材，那么我就是受了你的恩赐；如果不成材，我也只能怨恨你了。'先君虽然已经去世，但言犹在耳，您现在却要抛弃他，究竟想怎么样呢？"

威胁、逼迫、绵里藏针。赵盾不能再假装听不见了，公子雍按照计划正在一步步接近，而穆赢的哭声也一天比一天凄厉。最后，他终于选择了妥协——牺牲公子雍，背叛秦国。

护送公子雍的队伍远远见得晋国来人，本以为是来迎接的，却不想被当作了敌人。赵盾的理由冠冕堂皇，极富辩证色彩："我若受秦，秦则宾也；不受，寇也。"来的是敌是友，取决于自己是否要接纳。现在，他转变立场了，秦军也就从友人变成了敌人。秦军措手不及，大败而归。

这时的士会，终于想起了荀林父的告诫，心下恻然。自己还是没有看明白这形势，才落得有家难归、只能寄居在秦国的下场。

唯一让他欣慰的是，荀林父并没有忘记他，派人将他的妻儿与财帛送到了秦国，只留下了淡淡的一句，"不过是出于同僚的情谊罢了"。不居功，不自傲。

荀林父，高人。士会向着东方默念，不知此生还有无机会再回故土。

| 三、反目 |

这场权力的斗争，穆嬴赢了，她的儿子成为了国君。

赵盾也没有输，他的权力与地位依然无可撼动。

唯一的输家，或许是晋国。它少了一个盟友，多了一个敌人，此后不仅面临着南方的楚国所施加的压力，还要分散兵力对付秦国报复性的侵扰。更重要的是，它费尽周折，迎来的是一个不合格的国君——"晋灵公不君"①。

"不君"，称得上是史书对一个国君最为彻底的否定了。他的"不君"，对应的是赵盾为国尽忠的形象。

晋灵公成长的岁月，充斥着赵盾殚精竭虑地主持内政外交的身影。权力在他手中，责任自然也在他肩上。西边的秦国，南方的楚国，都是虎狼之师；他一度力不从心，甚至想和秦国重修旧好，却没能成功。最后，连他扶持起来的晋灵公也与他反目成仇。

但是站在灵公的立场，他对赵盾的忌惮是显而易见

① 出自《左传·宣公二年》。

的。有赵盾在，他这个国君就像一个摆设，一个用来表现其忠心与能力的工具。可是赵盾又表现得如此谦恭，让他无法抓住把柄。

于是，他就用了最愚蠢的方式来彰显自己的存在。他不听从赵盾的意见，哪怕会损害国家的利益。其后行为愈加恶劣，譬如他喜欢在高墙上用弹弓打行人，据说他嫌弃某日炖的熊掌不好吃，就将厨师杀了，还放在筐里丢到宫外……最后，他终于对赵盾下手了。

《左传》上记载了两件凶险之事。其一，灵公先派人去暗杀赵盾，但杀手找上门，见赵盾一早就衣着整洁，虽然困顿依然准备着上朝，认为其恪尽职守，心系百姓，于是不忍下手；但又无法对晋灵公交待，最后选择了自尽。其二，灵公宴请赵盾，席间埋下杀手，结果被赵盾的下属救出，计划再次落空。

如此种种，足见二人已势成水火。

此时的赵盾虽然大权独揽，但面对这样的凶险，他并没有太多选择。从他的父亲赵衰跟随重耳流亡并建功立业起，他的家族便始终强调自己对国君的忠诚。这几乎就是他执政合法性的基石。可是现在的这个国君，似乎并不需要他的忠诚——当然他所谓的忠诚，未尝不是出于自己的利益。

没有两全其美的办法，赵盾选择了逃亡。但还没走出国境，形势陡转。

晋灵公死了，死在了赵穿手上。

赵穿是赵氏家族的成员，也是赵盾的下属。赵盾对他多有照拂和提拔，譬如在与秦国的作战中，赵穿曾因自负与决策失误而令晋军失利，但在赵盾的关照下，却并没有受到严厉的惩处；相反，仕途一路顺遂无碍。

赵穿深知，赵盾所系的，是整个家族的利益，他们一荣俱荣，一损俱损。既然晋灵公与赵盾势不两立，那么就只有除去方能安定了。

宣公二年（前607），晋灵公在桃园被击杀。

| 四、尾声 |

赵穿的判断是准确的，只要赵盾这棵大树在，家族就安全，那么他赵穿也就安全。哪怕他有了弑君的恶行。

赵盾当然在乎声誉，所以当晋国的太史将晋灵公之死称为"赵盾弑其君"时，他提出了抗议。但是太史的理由令人无可辩驳：作为正卿，亡不越竟，反不讨贼。赵盾并没有尽到自己的职责，意识到这一点后，他只能沉默。

他是一个家族观念很重的人，况且赵穿所做的，本就是他想做而不能做的事。所以他不仅没有惩处赵穿，反而以另一种方式给予了褒奖。

国不可一日无君，赵盾再次派人去迎立国君。这次的对象是出居在周王室的晋襄公的弟弟、晋灵公的叔叔公子黑臀，晋成公。而被委以这项重任的正是赵穿。

有了新君的信任，无人再去声讨赵盾或者赵穿的罪责，除了史书上的那五个字，"赵盾弑其君"。晋灵公在位十七年，继位时尚是稚子，被害时也不到二十岁。这短暂的一生，几乎都笼罩在赵盾的阴影之下。

他死前的那一年，赵穿试图以战求和，通过攻打崇国（秦国的附属国）来与秦国达成和解，从而减轻来自南方楚国的压力。

但是秦国洞察了晋国的心思，并没有答应。

"晋侯侈，赵宣子为政，骤谏而不入，故不竞于楚。"

似乎晋国在与楚国角逐霸业上的渐落下风，罪责全在于他。

若以阴谋论揣测之，赵盾的逃亡，会不会是一次刻意的安排呢？会不会是他授意了赵穿，在他离开的空白时期内弑杀灵公，从而撇清自己？如此，逃亡反而成了一道终南捷径。当然，这些都不重要了。

重要的是，多年之后，赵盾终于如愿地迎回了一位听话的国君。而这，也预示着他权力的巅峰，赵氏家族荣耀的巅峰。

邲之战
——士会，晋国霸业得与失的见证者

《左传·宣公十二年》："中军、下军争舟，舟中之指可掬也。"

士会偶尔也会思念故国，面向东方出神。

想起他的祖父士蒍——那个为晋献公献计除去群公子，尽职尽责为晋国修建新都的谋士。

想起城濮之战，他的国家晋国一战定霸。那时年轻的他驾着战车，与他的同僚们一起将胜利带回了国家。

可现在，他流落在他乡，与祖国隔着一道宽阔的黄河。

所幸，日子过得还算平静，秦康公很信任他，常把他带在身边，出谋划策。直到一年后，一个人的到来。

| 一、回国 |

文公十三年（前614），一个叫魏寿馀的人投奔秦国而来。

他是晋人，管理着魏地，但他不满自己的待遇，于是率领魏地的百姓发动了叛乱。叛乱很快被平定，妻儿都被抓，唯有他趁着夜色狼狈地跑了出来。

相去不远、有能力有意愿与晋国抗衡者，唯有秦国。

"愿将魏地归入秦国。"他对秦康公恭敬地说道。

秦康公大喜。秦与晋，以黄河为界，黄河的东岸正是魏地。秦国若有了这块地，何愁东进不成？而晋国少了魏地，西边就无险可守。

士会觉得哪里不对。是太顺利了，还是太巧了？此人为何突然冒了出来？他冷眼旁观，什么都没有说。

这时，有人轻轻地踩了他一脚。他余光瞥去，正是身边这个魏寿馀。魏寿馀一脸若无其事，只看向秦康公的方向。

士会心中一凛，这是为他而来的。他心中有些想笑，又有些想哭，怎么，晋国到底还是想起了自己了？令狐之战，赵盾临时变卦，撕毁与秦国的约定，有想过会置自己于何地吗？七年的时间，秦国待他为上宾，他也习惯了此地的生活。可命运似乎对他另有安排。

晋国不能不想起他。狄国有狐射姑，南方有楚国，西边又增添了满腹怨怼的秦国，这个中原霸主渐渐感到了力不从心。

尤其是秦国，令狐之战后，多次前来侵袭，却一再全身而退，让晋国不堪其扰。这正是因为有士会在，这个熟悉晋国的人事和晋军作战方式的晋国大夫。

士会的威慑让晋军心有余悸。文公十二年（前615），秦晋两国在河曲交战，晋军的上军军佐臾骈提出高垒军营，以逸待劳。这个策略是对的，若真如此做，秦军必将无功而返，但是士会找到了他们的软肋——赵穿。

赵穿是赵盾的族人，也是晋襄公的女婿，年少受宠，好勇且狂，必然不服新提拔的臾骈。只要秦军前去激将，赵穿出战，那么为了保护他，晋军必然倾巢出动。

一切果如士会所言，而后晋军出动时，秦军又避而不战，只将他们拖得筋疲力尽。

夜里，士会又特意派去了一个使者，对晋军道："两军尚未痛快地正面交战，约在明日如何？"

臾骈看出不对：秦军不过是以进为退，想要逃跑而已。这时该趁机击溃之。

然而赵穿又跳了出来：约在明日就该在明日！况且还有死伤的士兵难道就弃之不顾了吗？

第二日，对面的林子里空空如也，秦兵早已趁着夜色逃离。他们还会回来的，只是不知道是何时。

如此这般，秦兵以最小的代价将晋军折腾得苦不堪言。赵盾终于明白，要在军事上不陷于被动，必须要让士会回来。但是秦国怎么肯放人呢？于是就想出了这番苦肉计，让魏寿馀假装叛乱，去引士会回来。

秦康公率军来到了河西，河的对岸就是魏地。

魏寿馀道，请派一个人与我先过去吧，最好是能和魏地的官员说上话的人。

秦康公左右环视，士会是个再适合不过的人选了。

士会显出为难的样子："晋人狡猾，康公您也早有领教；若晋人出尔反尔，自己死不足惜，可是留在秦国的妻儿又当如何呢？"他的言辞不乏真诚，却是在为自己铺好后路。

秦康公依旧沉浸在喜悦之中，并没有将这番话放在心上，慷慨道："若晋国不放你回来，我必将送还你的妻儿。"

士会拜谢，跟着魏寿馀一同渡河。一抵达对岸，迎候的晋军发出了一片欢声。

而河的这岸，久等不归的秦康公终于明白自己被算计了。魏地不是他的，河东不是他的，连一个出众的谋士，他也是失去了。但他也不失为一个君子，按照约定将士会的妻儿平安地送达了晋国。

令狐之战七年后，士会回到了晋国。

他再次见到了荀林父，但荀林父似乎并没有表现出太多的热情。他只是，像对待一个普通的同僚一样给了礼节性的欢迎，不近不远。

士会也听说，当初赵盾提出晋国对手太多，狐射姑在狄而自己在秦国时，荀林父的建议竟然是让狐射姑回来——一个显而易见会被赵盾否决的方案。士会没有懊恼，只是淡然一笑。他懂得荀林父，某种程度上，自己身上也有着相似的特质。当时一同逃亡秦国的，还有另一个使者，先蔑。但是直到回国那天，士会也没和他见面。随行者不解，士会道，我和他一同来此是因有着相似的罪过，而非因道义，又何必见呢？他知道，走得太近，反而容易惹祸。

荀林父一定也是这么想的。

旧日跟随晋文公的功臣及其后人被赵盾一一除去后，唯有荀林父依然如水流中的磐石般安稳，在各种清洗中存活了下来。

当初晋襄公改革军制，仕途受阻的并不只是狐射姑。中军将最初的人选是士縠，其他职位也各有安排；狐射姑与赵盾都不在提拔之列。这时，先克提醒晋襄公道："狐（即狐偃）、赵（即赵衰）之功不可忘。"先克的祖父是战功赫赫的先且居，他跟随晋文公流亡，后又在城濮之战和殽之战中带领晋军先后大败了楚国和秦国，威望极高。这才有了赵盾的机会。

赵盾大权独揽后，重组六军。为了报答先克，将其提拔为中军佐，地位仅次于自己这个中军将。但是年少的先克变得轻狂了，不仅没有察觉到士縠等人的杀意，反而凭借赵盾的宠信多有挑衅。最后，这些人在军中发动了叛乱，虽然赵盾将他们诛杀，但先克已经被害。

这场纷争牵扯着先人的功勋和现实的权力，一时热闹一时冷清。同僚们一个个不见了，唯有荀林父一如既往地安静守在自己的岗位上，不偏不倚，不党不私。

十多年后，当邲之战发生时，赵盾去世，荀林父成为了中军将。人们才发现，这股暗流一直知道自己的方向。

只是在这场决定晋楚两国命运的战役中，荀林父无法再回避这张错综复杂的关系网了。身在其中，他才发觉此网之强大与可怕，而他自己并没有做好应对的准备，只能被种种不得已牵绊。

| 二、庄王 |

上一次，晋楚这一南一北两大国的大动干戈，还是三十多年前，在卫国的城濮。当时楚军冒进，晋文公重耳则遵守自己流亡时向楚成王许下的诺言，令晋军退避三舍。最后晋军大胜，楚国北上的野心受挫。

但这一次，形势似乎发生了微妙的转变。

僖公三十三年（前627）的崤之战，秦晋交恶，秦国转而释放了此前俘虏的楚国将领，向其示好。而后赵盾与晋灵公君臣不睦，又疲于应对秦国的侵扰，楚国更是趁机拓展疆土。

受大国之间关系转变的影响，首先被波及到的，依旧是中原的门户，郑国。

郑襄公的弟弟公子子良，看着自己的国家一次次被迫应战，一次次不得已地妥协又屈从，渐渐看清了郑国的可悲命运。中原或蛮夷，不过是强者为王。尽管，若可以选择，郑国更倾向于中原霸主晋国。但事实是，现在的晋国越来越力不从心了。哪怕郑国在其他中原诸侯国的协助下，一时逼退了楚军，楚军也很快会卷土重来。又一次的轮回。一个不能保护自己的霸主，还能称之为霸主吗？

他说："晋、楚无信，我焉得有信。"不如当一棵墙头草吧，不需要有自我的意志，将自己当作奖品，谁强便顺从谁。

即便如此，当楚军逼城时，郑国依旧不能不选择反抗。至少，要为尊严而战。

宣公十二年（前597）春天，郑国山河破碎。城外，是楚国的军队；城内，百姓哀嚎，守城的将士也在恸哭。他们拼命地垒砌、加固城墙，想要保住这个脆弱的国家。但是一切都是徒劳。

城门被破，哭声渐渐止了，接着是死一般的寂静。迎着浩荡骇人的铁骑，郑襄公一个人孤身向前，他脱去上衣，牵着一只瘦弱的羊，来到楚庄王面前，以最卑微的姿态表达了降服。

"是我的罪过，惹怒了您。若要灭亡我的国家，将它赐给其他诸侯，我也无话可说；若要流放我，放逐到天涯海角，我也只能听从；但若能保全我的国家，视郑国为楚国的诸县，允许我侍奉您，便是我的奢望了吧。"一国的国君，放下了全部的尊严，为国家祈求一条生路。

楚国此次出兵本是想灭其国。此前郑国数度反复，战败则顺，而楚军一撤离就又倒向晋国，不如灭之一劳永逸。但是楚庄王看着眼前的这个可怜人，还是同意了。

楚庄王以"不鸣则已，一鸣惊人"之势横空出世，然而其实际遭遇要复杂得多。

秦国在殽之战中败于晋国后，为了报复晋国，并向楚国示好，将一个囚禁了八年之久的楚人放了回去——斗班①之子，申公斗克。可回到故国的斗克，因郁郁不得志，反意渐生，并与求令尹之位而不得的公子燮谋在了一处。

当时楚庄王初立，年纪尚轻；又逢附属的部落国家不稳，令尹子孔决意亲自带兵出征，留下斗克与公子燮守国。二人见时机已到，便发动了叛乱，不仅派人加固

_____

① 见《不共楚王言》。

都城郢的城墙，以对付在外征战的楚军，还派人去刺杀子孔。失败之后，二人还试图挟持庄王逃离，结果途中被杀。

看着身边的各种阴谋、背叛与谋反，年轻的楚庄王心生倦怠，诚觉世事反复无常，不如放任自流。所以当晋军攻打依附于楚国的蔡国时，楚国见死不救，任凭蔡侯悲愤而亡；而后附属国接连叛乱，各地告急，楚宫依旧夜夜笙歌，无动于衷。

楚庄王假装看不见外面那个离乱、丑陋、黑暗的世界，只想安静地待在让他感到安全、温暖的地方。为此，他甚至下令，进谏者死。但还是有大臣来打扰他的清净了。

他恼怒道："没看到我命令吗？还是说，命都不要了？"

"若因进谏而死，我等死而留忠义之名；君主若不听劝，活着也只会是亡国之君。"眼前之人不卑不亢。

原来还是有这样的人的，愿意为社稷而舍弃性命，保有忠君爱国之心。有这等贤臣，那么自己，又何妨认真一回呢？至少，要对得起这些人啊！

认真起来的楚庄王迸发出了强大的能量。他修整秩序，重用良才，果断地平定叛乱，周边的大小附庸国不是被灭就是俯首称臣。他的野心随着版图的扩大而滋长着，在此后的岁月里，他四处征战，频繁地敲打着中原的门户。

这一切，远在晋国的士会看得很清楚。一个各司其职、严尊法度、井然有序的国家，是不可轻视的。所以当两军对峙的那一天到来时，他不敢掉以轻心。而也是这份慎重，让他保全了自己的军队力量。

不过楚庄王的心中还保留着一份柔和，那就是对家国的赤诚，这份赤诚他曾在那些进谏的大臣身上见过，他懂得其珍贵与不可取代。所以当郑襄公祖衣在前、哀哀地请求保全自己国家时，这份柔软之处被触动了。

那就不妨再给他一次机会吧。

于是，楚军退兵三十里，两国结盟，公子子良入楚为人质。

子良心甘情愿。该做的，郑国都已经做了，其余的事情，就凭晋、楚两国去定夺。谁胜出，谁便是中原的霸主，谁便能得到郑国的归顺。

| 三、对阵 |

几个月后，春去，夏至，晋军终于抵达了黄河边上。

中原的门户被攻破，霸业受到挑战，晋国自然也是心如急焚。此前晋国与楚国你来我往，其模式基本都是：郑国亲晋，楚国伐之，晋国救之；虽然郑国被楚国蹂躏了多次，但大体上还是向着晋国的。但这次形势，明显要严峻得多。所以晋国大举派兵，气势汹汹而来。三军阵容如下：

中军将：荀林父　中军佐：先　縠　中军大夫：赵括、赵婴齐

上军将：士　会　上军佐：郤　克　上军大夫：巩朔、韩穿

下军将：赵　朔　下军佐：栾　书　下军大夫：荀首、赵　同

司　马：韩　厥

但是尚未渡河，就传来了郑、楚两国和解的消息。郑国既然得以保全，那么这番出师也没了正当的理由。这时，晋国内部却产生了分裂。

作为最高的军事指挥，中军将荀林父决定退兵：晋军未能及时救郑，现在既然战事已然平定，又何必让百姓再历经一番苦痛呢？

上军将士会也赞成。他对楚国上下从政事到军务都做了细致的分析，并认为楚国在对郑国的这场战事中表现得妥帖而不失大国风范："怒其二而哀其卑，叛而伐之，服而舍之，德刑成矣。伐叛，刑也；柔服，德也。二者立矣。"楚国怒而出兵，是因郑国怀有二心；又哀怜其弱小无助，加以赦免。这一做法，恩威并重，无从指摘。不如避其锋芒。

然而有个刺头冒了出来，是中军佐先縠。佐者，辅助也；军佐，即军队的副帅。先縠是先克之子，因其父之功勋而被赵盾晋升为上军佐。他也继承了先克的自傲，并进一步发展成了轻狂。他强烈主战，认为打败楚国、威服郑国，在此一战，必须全力以赴。否则就等于放弃晋国的霸主地位。

两方意见各不相让，但荀林父毕竟是主帅，因此晋军暂停了前行。然而此时，先縠竟兀自带着自己的部下先行渡河。

事已至此，荀林父无法，只能带着晋军随之渡河。否则，郑国尚未归附，又葬送了这部分军队，他如何承担得起这个责任呢？而进攻，或许还有胜算；就算失败了，至少有人一起分担。

此时的晋军，其实已经陷入了被动之中。

渡河之后，先迎来的是郑国的使者。使者姿态卑微，言辞之中却在鼓动双方一战：郑国只是迫于形势，才不得已地屈从了楚国。如今楚国骄矜轻敌，且疲惫懈怠。不如现在进攻，而郑国也将辅助晋军。

晋军将帅之间再次分裂。栾书认为，子良入楚，楚郑两国已有盟约，此时进攻，于理不直。且楚国励精图治，戒骄戒躁，是个强大的对手。郑国不过是唯胜者从之，不可听信。

赵氏家族内部的裂隙也显露了出来。赵朔支持栾书不战的意见，然而赵同、赵括则坚持之前先縠的立场，认为必须要用战争来让郑国服从。

士会心中隐隐不安。中军将荀林父既无力阻止军队过河，此刻也无法调停他们的意见。荀林父不是赵盾，他没有那么强势的权威，他的独善其身此刻反而将他变成了孤家寡人。将不听令，军队又如何在战事中取胜呢？

更糟糕的情况是，晋军的混乱很快就被楚军察觉了。

最初听闻晋军渡河，楚军内部也产生了分歧。

楚庄王的第一反应是回避。战争的代价，每个亲身经历过的人都明白；何况，对手还是称霸了几十年的晋国。尽管这头猛兽这些年来疲软了不少，但其余威犹在。令尹孙叔敖与楚王意见一致，意图还乡；而宠臣伍参则欲战。

孙叔敖道："若是战而不胜，就算把你伍参的肉生吃了又于事何补？"

伍参则轻松地做了反击："若是赢了，那就算不得你的功劳；若是输了，我伍参的肉也落在了晋军手中，哪里轮得到你来吃呢？"

二人唇枪舌剑，剑拔弩张，孙叔敖见说不过，赌气之下，径自回车向南，倒转旌旗，意为不战，返乡。

但是伍参最终说服了楚庄王：晋军内部矛盾重重，在上者新政无法发号施令，在下者刚愎自用不肯听从命令，军队都不知道该听从谁，这样的军队必然失败；况且对方不过是臣子出战，而你则是一国之君。若是躲避，将是极大的耻辱。

于是，车子旌旗，又朝向了北方，那是晋军的方向。

为了试探晋军的动向，楚军派出了一个使者，假意请求和解，实则去探听虚实。士会洞察其真实来意，便也以外交辞令虚与委蛇。然而先縠认为不必对楚国如此客气，又派人专程赶上使者，不仅否定了士会的说法，且用词激烈，表示必将楚国从郑国赶出去，"迁大国之迹于郑"。这一回合，再次印证了伍参的说法——晋国内部意见不一。

晋军摇摇欲坠，更可怕的是，其内部出现了一股逆流，一股希望晋军战败的逆流——大夫魏锜及赵穿之子赵旃。二人仕途不顺，都对荀林父怀恨在心，便想挑事来报复。两人接连请战，接连被否；而后接连请求出使楚国，代表晋军去结盟，被准许。

上军将士会与上军佐郤克都认为这二人心怀怨怼，必然会触怒楚国，引起战事，所以各军应该为战争做好准备。然而先縠再次反对，强硬地表示多此一举：当初郑国希望两国作战，不听；现在想要调停，又如此多疑。

而恰恰是他的自负与偏执，葬送了晋军最后生还的希望。

| 四、战败 |

荀林父没想到战败来得如此之快。更没想到，这场战败付出的代价如此之巨大。

战争的发生颇有些戏剧性。

赵旃来到楚军帐前时，已是夜幕时分，前来挑衅的魏锜刚刚被赶走。见晋军又来人，楚庄王亲自现身对付赵旃。赵旃于是向着晋军大本营的方向步步后退，晋军唯恐他们触怒了楚军，前去接应；而晋军一出动，唯恐楚庄王陷入敌营的楚军则随之全部出动。

于是晋军瞬间陷入了被动，因没有认真备战，很快便溃败。慌乱之中，荀林父没了主意，不鼓动将士进攻，反而击鼓大喊"先过河的有赏"。

一喊之下，晋军不仅丧失了战斗的意志，而且逃离本身反而变成了一场混战。人多舟少，先上船的为了逃命，狠心砍向攀着船舷的后来者。"舟中之指可掬也。"呐喊声，落水声，哀嚎声，连成一片，黄河在夜色的掩护下吞没了一个又一个晋军士兵的生命，唯有他们的断指留在了舟中，流淌着可怖的鲜红的颜色，染在战友的身上。

唯一得以保全的，是早已做好准备的上军。但是士会明白，大势已去。面对着此刻士气大振的楚军，只能选择退兵。既然无法获胜，那么至少，尽可能地保全士兵的生命吧。

返回晋国的道路漫长而遥远。士会知道晋国此后的日子将更加艰难。后来的事，也如他所料。

郑国再次落入了摇摆之中。眼下郑国倒向了楚国，而一旦与楚国之间产生矛盾，又会投奔晋国。不久后，在楚国武力威胁之下，宋国也选择了结盟顺从。再然后，是鲁国对楚国的主动示好，尽管依然听命于晋国……楚国一洗城濮之战的失败，打开了中原的大门，用战争的胜利获取了跻身春秋霸主的资格，得以与晋国平分秋色。

作为战败方的晋国，不仅附属国纷纷受到威胁，戎狄乘机前来挑衅，连秦国，此刻也闻见了它伤口的血腥味再次前来侵扰。而中原的那些追随者们，也隐隐有了不安之心。

江河决堤，无人能够担起这份责任。

但总有人需要承担的。首当其冲的，自然是中军将荀林父。荀林父主动请死，虽有万般无奈，但作为主帅，他战前不能令将帅齐心，战时又指挥失当，难辞其咎。但是若将他处死，既无补于晋国的失败，反而将成为楚国的又一件战利品。

有鉴于此，荀林父依旧为中军将，并在此后的对外作战中用一次次的胜利尽力弥补这场失败。

先縠就没有这么幸运了。他的决策失误与一意孤行，是导致晋军惨败的最大原因。对他的惩处也是极为严厉的：不仅被杀，而且家族被灭。唯此，才能稍微平息这场战败带来的伤痛；从中，也可洞见这场战败带来的伤痛之深重。

士会想，自己大概真的老了。城濮之战时，他还只是个年轻的大夫，驾着马车冲锋陷阵。胜利的感觉真好啊。可如今，笼罩着这一切的光芒，渐渐走向了暗淡。

偶尔，他也会回想起十多年前的那一天，踏着黄河水回到晋国，心怀为国尽忠的志向。那时的晋国虽然强敌环伺，却意气风发；那时的荀林父，尚未位极人臣，却深受爱戴。

而如今，汹涌的黄河水，一如滔滔不绝的屈辱，萦绕在每一个晋国人的心头。

赵氏孤儿
——繁华盛极,权力反噬

从僖公二十八年(前632),到宣公十二年(前597);从城濮之战到邲之战。士会见证了晋国的国运沉浮,家国兴衰,人世浮沉。

其中令人瞩目的,还有一个家族的命运变迁。烈火烹油、花团锦簇的赵氏家族。

| 一、荣耀 |

赵氏家族命运转折的时间点,大致可以邲之战为界。

邲之战之前，赵氏家族满门荣光。这荣光的最高处，是赵盾。

赵盾不仅是一个权臣，还是一个极为重视家族的人。可以说，是他一手将赵氏家族的力量武装了起来，哪怕在他去世之后，影响犹在。这从邲之战中的晋军阵容就能够看出。下军将赵朔是他的儿子，中军大夫赵括、赵婴齐和下军大夫赵同是他同父异母的弟弟。

异母弟弟皆为大夫，有赖于他不遗余力的提拔。而他这么做，只是为了回报一个女子——晋文公重耳的女儿、赵括三人的母亲君姬氏。

当初赵盾派人迎晋成公回国后，曾说过这么一句话："微君姬氏，则臣狄人也。"

这是赵盾的肺腑之言。他确实是狄人之后。

当年晋文公重耳因骊姬之乱逃亡至狄，狄人在讨伐另一支狄人时俘获了一对姐妹，叔隗与季隗，献给了重耳。重耳因赵衰年长，就自己娶了季隗，而让赵衰娶了叔隗，赵盾正是叔隗之子。

赵衰回到晋国后，重耳感恩其一路相随的功劳，将女儿许配给了他，即君姬氏。君姬氏生下了赵同、赵括、赵婴齐三子。当她得知赵衰在狄国还有妻儿时，不仅再三要求将赵盾接过来，还主动让叔隗为正妻，让赵盾为嫡长子，说："得宠而忘旧，何以使人？"若因新宠而忘旧人，如何令人信服啊。

这份恩情，赵盾一直铭记在心。没有君姬氏，历史上不会有这么一个权倾朝野的赵盾。所以当他的权势稳固后，首先想到的，便是尽自己的所有给以回报。

他先是向晋景公提出，让君姬氏最为宠爱的儿子赵括为公族大夫。

公族最初是指君主的非嫡系后人，即未能继承君位的公子，与国君同姓。晋献公时，骊姬为了确保其子继位，驱逐群公子，由此晋国再无公族。现在，卿的嫡长子可为公族大夫，也意味着权力从国君向大臣的转移。邲之战时，魏錡就是因为求公族未得而怒，才不欲晋军得胜。

而后，赵盾还将自己的赵氏宗主之位让给了赵括。

在他的扶持下，君姬氏的三子，皆为大夫；君姬氏当年的慷慨，他加倍回赠。

如此操作之下，造成的局面便是，晋国的朝中尽是赵氏党羽。

在公室日渐衰微的背景下，是赵氏家族的崛起。

| 二、灭门 |

但慢慢地，情势发生了微妙的变化。

先是赵氏家族内部的分化——这分化在邲之战时已见端倪。

当时赵括、赵同坚持站在先縠这边不备战，而赵婴齐却与郤克、栾书亲近，并且备好了船只，而后在混战中保住了自己的那支军队。政见不合，立场也不同，隔阂日深。

终于有一天，两人抓住了赵婴齐的把柄：赵婴齐与赵朔的妻子，晋成公之女赵庄姬私通。此时，赵朔已经去世。

私通在春秋时并不罕见，其处理也可大可小，但赵括两人显然不肯放过这个机会，将赵婴齐罚以流放。用意很明显，离得远远的，不要再在眼前晃荡了。

赵婴齐只是苦笑，为两位哥哥的目光短浅："有我在，栾书才不敢对你们下手；我若是不在，只怕你们将会有祸乱了。人各有其才能，放了我，对你们又有什么害处呢？"

他的才干显然在二人之上，他看到了赵氏家族危机四伏的处境，并尽量平衡着朝中的关系。与兄弟的关系再不和，他也是赵氏家族的人，明白一荣俱荣一损俱损的道理。但这一切，被嫉恨冲昏头脑的两位兄长看不到。他们只看到了有人在和他们抢夺赵氏的荣光，只看到了彼此的对立，却忘了共处一个家族。

赵括为赵氏宗主，他的意见，赵婴齐不得不遵从，最后只能被迫流亡齐国。

而后来发生的事，也确如他所料。三年之后，赵氏家族被推入了屠宰场。

成公八年（前583），赵庄姬向晋景公告密，声称赵括、赵同二人谋反。

跟着，栾书、郤锜两人出来作证，言辞凿凿。

随后，晋景公对赵氏家族展开了声势浩大的屠杀。

疾风暴雨，一切都安排得紧密而迅速，仿佛经过了多次的排演。而毫无准备的赵氏家族，血流成河。他们甚至都来不及反抗，或者说根本没想过反抗。因为这本就是一个诬陷，一场阴谋。他们没有任何理由要谋反。但是又能如何呢？如日中天的赵氏，顷刻间族人被屠戮，田地被瓜分，宗庙被毁弃。眼看他起高楼，眼看他楼塌了。一片断壁残垣。

赵庄姬对他们的恨意不难理解，因为赵婴齐的被流放。

值得注意的是，栾书、郤锜二人的证词以及景公的态度。

栾书，此时已为中军将，执晋国之政，战功显赫。多年来他四处征战，逼退楚国、击败秦国、讨伐楚国盟友蔡国，功勋卓著。死后谥号为"武"，也是肯定了他在军事上的建树。

但是在他被擢升的履历中，无时无刻不被赵氏家族庞大的权势阴影笼罩。邲之战中，赵穿之子赵旃为求卿位，盯上了他下军副帅之职。当时下军之中，赵朔为下军主帅，赵同又在下军大夫之列，栾书作为副帅，地位岌岌可危。最后荀林父顶着压力保住了他的地位，却招致了赵旃的不满。

如今，他虽然贵为中军将，但是依然感到力不从心。赵氏家族枝蔓太大，且盘根错节，朝中多为其党羽，行事受其掣肘。

赵庄姬的丈夫赵朔与他关系不错，但现在赵朔已经去世，他与这个家族的距离就又远了一分。

赵氏这棵树太大，已经不能再留，不然别的树就没有活路了。栾书这么想，郤克之子郤锜也这么想。

邲之战中赵同、赵括二人始终反对郤克的意见。最后招致战争失败，两家的关系骤然紧张。所以当赵氏家族内讧，其缺口被打开，郤锜便亮出了深藏已久的匕首，找准时机，精准地投掷。

更重要的是，晋景公也很好地做了配合。

卿士晋升为公族大夫，本就是卿士权力对公室权力的侵蚀，现在，公室终于发动了反击，以这种血腥而残忍的方式。

晋景公杀红了眼，被压制的欲望一旦开启，就很难停下。直到韩厥站了出来，提醒道：请别忘了赵衰与赵盾的忠诚与功勋；若是像他们这样的人都无后，不是令后来者心寒吗？

至此，君姬氏的三子中，赵括、赵同被杀，赵婴齐流亡且此后再也未能归来。赵氏的本家大宗只剩下了赵武一人——赵朔与赵庄姬之子，其时不过十岁左右。多少是出于心虚，或是为了安抚人心，景公下令由赵武嗣赵氏之宗，并归返其被夺之田产。

赵氏孤儿赵武，其家族命运的悲惨不是出于奸臣的阴谋，也并无后世戏剧中所演绎的那般可歌可泣；一切只是一场残酷而无情的权势争斗。

三、士会

与之形成对照的，是士会的选择。激流勇退不是所有人都能做到的，但他做到了。

邲之战四年后，用一场场战争的胜利弥补过失的荀林父告退，中军将之职落在了士会身上。他修法度，讲典礼，令晋国之风气一新——"晋国之盗逃奔于秦"。但他并不贪恋权势，仅仅两年之后，就让位给了郤克，而让位的理由是为了安抚副帅郤克，令晋国不致于陷入混乱。

这些年，郤克追随他左右，一路从上军佐到中军佐。士会知道其才干出众，在邲之战中表现出了将领之才；但也同样知道他心气高傲，绝非忍气吞声之辈。这样的人若是遭遇了羞辱而久久不得释怀，那必将是一场灾难。

郤克所遭遇的羞辱来自齐国。

当时为了对付锋芒毕露的楚国，晋国想要与齐国结盟，让郤克作为使者去齐国征召会盟。会见齐顷公时，一阵妇人的轻笑之声从帷幕之后传来。原来是齐顷公的母亲萧同叔子听闻郤克跛足，行走时难免有些滑稽，故此来偷看。

作为一个功勋卓著、受人敬重的将领，郤克羞愤之下，立时回国，并发誓复仇。他先向晋景公请兵讨伐齐国，被拒；而后又请求用自己的私人武装前去讨伐，再次被回绝。对当时的晋国来说，结盟是最重要的。

郤克胸中的怒气越来越盛，若不妥当处理，不知他是否会有激进的举动。士会思虑再三，于是主动告老，用晋升来安抚这头几乎快要失控的猛兽。

好在无须等多久，齐国就送上了门。三年后，也就是鲁成公二年（前589），齐国侵犯鲁国，卫国也陷入了与齐国的混战。两国不敌，只好向晋国求助。

等到这个机会的郤克非常激动，郑重以待，特意向晋景公请示说，城濮之战时，有赖于先君和先大夫的英明，才以七百乘战车取胜；自己不敢与之相比，希望准许他领八百乘出兵。

晋军士气高涨，一路追起齐军；齐军大败，齐顷公狼狈而逃，最后无法，献上财礼求和。

郤克最初并不答应，一定要让萧同叔子入晋国为人质。后在鲁、卫两国的劝慰下才作罢。但他心中的芥蒂并未放下。

次年，齐侯前来朝见晋景公，郤克又上前嘲讽道：

"此行也，君为妇人之笑辱也。"

当初自己所受的侮辱，终于以这种方式得到了偿还。

而他的这种锋芒毕露的强悍风格，也延续到了其子郤锜身上。

赵氏蒙受大难之后，卿士之位多有空缺，郤锜趁机安插郤氏族人，与堂弟郤至、叔父郤犨等人形成了"三郤"势力。而后，几人嚣张跋扈，权势逼人，或夺人之妻，或夺人之地，甚至与周王室争夺田地。

虽有赵氏的前车之鉴在，郤氏家族却并未吸取教训。十年后，"三郤"被屠戮殆尽。

| 四、尾声 |

一时烈火烹油，一时焦土遍地。

作为一个老人，士会参透了这无常。所以他不贪恋，不留恋。教导自己儿子士燮时也是如此。

当他把权柄交给郤克时，曾向士燮分析郤克的性格，并特意嘱咐他要跟随几位前辈，谨慎从事。而士燮显然也秉承了其父的处事原则。

伐齐归来，晋军班师回朝，士会见作为上军佐的士燮最后才回来，责怪道："你不知道老父亲正翘首盼望吗？"

士燮道："先回的人必然会受到人们的热烈拥戴。我怎么敢替主帅接受这份荣耀呢？"

士会大为欣慰。如此低调行事，或可免于祸患。

有意思的是，此次得胜归来后，晋景公与他们几位之间的问答。

晋景公赞郤克领导有方，郤克道是君主和几位将帅的功劳。

晋景公赞士燮功劳不逊于郤克，士燮道自己只是遵从将帅之命行事。

晋景公赞栾书表现卓著加以慰劳，栾书道是众将士听从士燮指令才能得胜。

士会的一番苦心，终于得到了回报。他们的谦逊与精诚团结，不也是秉承了士会的意志吗？他心底无私，以家国为念，比任何一个在权势上炙手可热的家族更值得敬重。

　　士会曾被派往周王室平乱，在那里，他感受到严整的礼仪与法度的震慑力。回国后，便潜心于此。他相信一个可供遵循的章法体系远比任何一个人都要靠得住也更长久。

　　在他过世之后，范武子①之法依然在晋国施行着，追慕者无数，其中就包括赵武，这位赵氏之难中幸存的孤儿。

---

　　① 范武子，即士会。曾封于范，又称范会。武是其谥号。

尔虞我诈
——休战，是奢望吗

《左传·宣公十五年》（楚宋）盟曰："我无尔诈，尔无我虞。"

宣公十四年（前595），楚庄王派出了两拨使者，分别前往齐国与晋国，以此加强与中原的关联。

前往齐国则须经过宋国，前往晋国则须经过郑国。按照当时的礼仪，借道他国，必须行"过邦假道"的礼仪以示尊重，否则便与入侵无异。

然而此时的楚庄王，正沉浸于邲之战获胜的兴奋之中，并不打算这么做。宣公十二年（前597）的这场战争，楚国大败晋国，打破了晋国独霸中原的格局，令他有些飘飘然。膨胀之下，他特意嘱咐使者不必与郑、宋两国打招呼，而径直进入——料想，这两个国家不敢如何。

对此，奉命前往齐国的申舟提出了异议，小心地说："郑国懂事，可是宋国并不那么开明。"——若是宋国不肯顺从，此行恐难以平安而归。

申舟的忐忑其来有自。二十多年前，他曾与宋国结下一段仇怨。

| 一、宋昭公 |

文公十年（前617），当时的楚国国君还是楚庄王的父亲楚穆王。他联合郑、蔡等国，准备攻打宋国，年轻的申舟随驾而行。

此刻宋国的主政者是华御事——于桓公二年（前710）弑杀宋殇公的太宰华督之孙。华督之后，其家族一直掌有重权。他认为彼时中原霸主的晋国正被秦国的侵扰牵制着，怕也无暇顾及于此。既然无法与楚国对抗，不如主动服从，还能使百姓少遭些罪。于是他主动前去迎接楚王，犒劳楚军。

楚穆王很满意。但是既然出兵了，哪怕不作战，也该让军队活动一下，展示自己雄厚的军事力量以为威惧。于是楚军决定进行田猎——古时的军队演习。既然是军事活动，宋、郑两国的国君便各领其职，陪同左右。

因田猎需要焚烧树林，楚穆王便下令早些出发装载钻木取火之木燧，但是宋昭公不知出于何故，并未照办。

在申舟看来，这一行为便是违抗军令，于是下令将宋昭公的车夫鞭笞后，遍示众人，以为惩戒。

当时已经有人告诫他说，宋昭公乃一国之君，不该这般侮辱。

但当时年轻气盛的申舟不以为然，强调自己只是恪尽职守，并非是恃强权横行。并说，我怎能因为爱惜自己的生命而不履行职责呢？

言辞铿锵，但谁也无法否认，若非楚国国力雄厚，若非宋国式微，那么他断然不敢在他国土地上、对他国的君主如此不敬。

当然，此时的宋昭公并不能对申舟如何，因为他在国内已经自顾不暇。

陪楚穆王狩猎时，宋昭公已在位三年。时间虽然不长，但他已经身心俱疲，心灰意冷。也许正是在这种情况下，他才会对楚王的命令如此轻慢；又或者，他本人，似乎一直都无法正确判断形势。

最开始的时候，对于权力，宋昭公也曾积极进取，为了保护自己。

他是在一场内乱中被送上君主之位的。文公七年（前620），他的父亲宋成公去世，宋成公的弟弟公子御趁机造反，杀了太子自立为君。而后公子御为宋人所杀，作为幼子的宋昭公才由此得立。

甫一即位，宋昭公就见识到了残酷的权力斗争，公族的逼人权势和血腥手段给他留下了深刻的印象。所谓公族，即君主的非嫡系后人，如公子御。这个群体与君主的关系盘根错节——对君主，他们的立场可以是支持，也可以是反对。如果他们支持，那么两者皆大欢喜，国家也能够相对稳固；而如果敌对，国君的权力就会受到威胁，国家也容易陷入动乱。

感受到威胁的宋昭公决定先下手为强，"去群公子"，为自己清扫障碍。当然公族也非铁板一块，他要除去的，是其中的异己分子。

　　但这并不是一件容易的事。晋献公当初之所以能够成功，是因为依托了士蒍的计策，内部分化，循序渐进。而宋昭公身边并没有这样的人才，而且即便是站在他这边的人，也不赞成他的做法。

　　司马乐毅就反对道："公族，公室之枝叶也，若去之则本根无所庇荫矣。"当时这两者的矛盾并未水火不容，况且宋昭公才刚刚继位，根基不稳。应该做的，是争取他们的支持，而不是将矛盾激化。

　　但宋昭公不肯听从，结果便是反招致了公族的进攻，"穆襄之族率国人以攻公"。宋穆公和宋襄公时期形成的庞大的公族势力此刻发动了起来，抱成一团，杀害了宋昭公这边的几位大夫，作为威慑。

　　本就势单力薄的宋昭公，此刻更加无助，不得不与之达成和解。

　　而在公族之外，宋昭公还得罪了一个人，那就是宋襄夫人。

　　宋襄夫人，是宋襄公后娶的夫人，也是周襄王的姐姐。

这个妇人经历了宋襄公战死的泓之战，晋楚争霸的城濮之战，以及宋昭公即位前的那场内乱，政治阅历丰富。虽然已经上了年纪，但其老辣的政治手段并未衰退。

宋昭公却对这位名义上的祖母不甚恭敬，招致了宋襄夫人的仇视。于是在昭公即位次年，宋襄夫人命令公族中的一支力量发起了进攻，将昭公身边包括司马在内的几位大夫杀害，只有司城荡意诸出逃，被鲁国收留，数年后，在鲁国的帮助下，才重新回到宋国。

所以当楚庄王前来田猎时，所见到的宋昭公，已经是一个力量一再受到削弱、几乎完全丧失了主动权的君主。

事实上，宋襄夫人对宋昭公党羽的肃清只是第一步，她真正的目的是将他除去，为另一个人腾位子——宋昭公的庶弟公子鲍，也就是后来的宋文公。

| 二、宋文公 |

在宋人眼里，公子鲍的形象与宋昭公截然不同。

上至贵族，下至百姓，无论老少，都广受公子鲍的恩泽。他怜恤亲族，时常加以照拂，哪家有困难，便帮持解决。对朝中的士大夫，他也是礼遇有加。他时常出入六卿之门，与他们过从甚密。若有贤能之人，他便诚心与之结交。对国人亦是如此。宋国遭遇饥荒，他将家中的粮食全部拿出来赈灾；哪家有七十岁以上的老人，他就命人送饮食赡养，且所送饮食中，不乏珍馐。长此以往，自然而然地就赢得了朝野上下的拥戴。

公子鲍不仅才能品行出众，还是一个美男子。《左传》上将其描述为"美而艳"。这样一位才貌俱佳的后辈，自然赢得了宋襄夫人的青睐。

其时，宋襄夫人已年过六十，却依旧有非分之想，想要与之私通。她的自信，就在于手中的权势与威望。她当然知道，公子鲍种种礼贤下士、勤政爱民之举，所图谋的又是什么——而她正好能够帮上忙。

但是公子鲍拒绝了。他有他的政治志向，只是不屑于此。

而出人意料的是，宋襄夫人并没有恼怒，反而对他更为欣赏。毕竟，她并非是一个心胸狭隘的妇人，她有着作为一个政治家的格局与胸襟。她也看清楚了，这个国家的未来在谁的手上。

为了表达对公子鲍的支持，她索性帮助他施舍周济国人。在她的支持下，公子鲍的声望更是水涨船高。

可以说，与公子鲍的政治资本相比，宋昭公所拥有的不过是一个君主的虚名而已。

文公十六年（前611），宋襄夫人突然向宋昭公提议去狩猎。

昭公知道，这一天终于到来了。而他，并不准备反抗。

已经回到他身边的荡意诸建议道，为何不离开此地，前往别的诸侯国呢？

此刻，宋昭公终于对自己做了反省：自己与众大夫不睦，得不到祖母和本国百姓的认可，有哪个诸侯愿意接纳我呢？况且，我本为人君，现在却要去做别人的臣子，那我情愿就死。

出行前，他带上了所有的珍宝，而后赐给了跟随自己的人，让他们离开，让荡意诸也离开。但荡意诸拒绝了。

从担任司城这个官职起，荡意诸就知道会有这样的下场。

司城本由他的祖父担任，祖父死后，本该由父亲公孙寿继任。但是父亲却推让，让他出任。

理由现实而冷酷：宋昭公无道，走得太近，恐怕祸及自身；而若放弃这个官职，那么整个家族怕是无所庇护。不如就让儿子代我去吧，姑且让我多活些日子。这样的话，虽然我没了儿子，却能保住这个家族。

"虽亡子，犹不亡族。"父亲公孙寿的话一直在荡意诸的耳边回响。他不知道，自己该佩服父亲的先见之明，还是该为自己被当作工具人而感到可悲。

宋襄夫人也特意派人知会他让他尽早离去，但他已做好了赴死的准备："既然侍奉了国君，却在他有难的时候弃而不顾，又怎么能侍奉以后的国君呢？"

这个冬天，宋昭公被宋襄夫人派人杀害，而荡意诸自甘为之陪葬。

宋昭公的谥号为"昭"，是正面的。可见他虽然并未做出什么成绩，甚至被宋人评论为"无道"，但他本人并没有太大的恶行。他不过是在权力争斗中落败的一方而已。

公子鲍如愿当上了国君。这对兄弟的差距，在其后的政治较量中又一次得到了验证。

公子鲍，即宋文公，即位后所面临的处境与宋昭公当年相仿。公族中的一支，与宋昭公的儿子密谋，想要奉宋文公的同母弟为君，于是发动了叛乱。但结果截然不同。宋文公出手果断，杀了宋昭公之子与自己的同母弟，同时发动其他公族的势力，讨伐作乱的这支公族，将其逐出宋国，彻底杜绝了后患。

| 三、华元 |

宋昭公虽然不在了，但是申舟与宋国的旧怨并未得到消弭。况且，还有华御事之子华元在。

作为宋国的主政者之一，华元在宋昭公时上台，在宋文公时依然得到重用。而他本人，很早就间接地和楚国打过交道——以战争的形式。

当时宋昭公被弑，招致了诸侯国的讨伐。作为霸主的晋国，率卫、陈、郑等前来讨伐，以表明态度。却在收受了贿赂之后，各自班师回朝。

而后，在晋楚争霸的大背景下，各诸侯国的立场发生了微妙的变化。

宋国因为此事与晋国结盟，被楚国视为背叛。

郑国因为晋国受贿放过宋国，转而投靠了楚国——郑、宋两国本就是宿敌。

而陈国，则因为其国君葬礼时楚国未派人出席，而转向了晋国。

接连遭遇两国背叛的楚国，很快就发动了战争，而宋国与郑国，自然成为了晋楚两国的马前卒。

宣公二年（前607），在楚国的授意下，郑国伐宋，宋国则由华元率师应战。华元本想在此战中一展身手，最后却败在一件莫名的小事上。

开战前，华元杀羊做羊羹以犒劳将士，鼓舞士气，唯独忘了给他驾战车的羊斟。羊斟是个心胸狭小之辈，当时虽然未说什么，却已想好了报复之策。

果然，开战后，华元立于战车上指挥时，其战车突然往前奔驰，冲入了敌方的阵营。缺了主帅，无人指挥，宋军大乱。而郑国大胜。

而后，宋国准备以重金赎回华元，华元自己逃了回来。回来后的第一件事，就是去找羊斟。

他还是给羊斟留了个台阶，道："恐怕是你的马不受控，才会闯入敌营吧？"

羊斟倒也坦荡，直接回答说："并不是马，是人的缘故。"

尽管如此，华元还是放了他一条生路，任羊斟逃往了鲁国。但此次战役败得如此窝囊，华元不可避免要承受舆论压力。

他主持修筑城墙之事，某日巡逻时，听见筑城者在唱一首歌谣："鼓着眼，挺着肚，丢了盔甲往回走。连鬓胡，长满腮，丢盔卸甲逃回来。"

这分明就是在嘲笑他的那次战败。华元忍不住让手下的人前去辩解："有牛就有皮，犀牛兕牛多的是，丢了盔甲又如何？"胜败乃兵家常事，他日再赢回来不也成吗？

然而筑城者并不打算放过他："即使有牛皮，又去哪里找红漆^①呢？"

华元不得不接受这份屈辱，战败就是战败，说再多，也堵不住悠悠众口。只好由他们去吧。他能做的，就是等待一个立功的机会，挽回颜面。

宣公十四年（前595），华元等来了申舟。

回想起年轻时的一时意气，申舟预感到偿还的日子来了。宋国，不会放过他的。

只有楚庄王，对楚国的无理行径不以为然，扬言："若是宋国敢杀你，我一定出兵讨伐。"

申舟明白楚庄王主意已定，自己多说无益，便将自己的儿子引见给了庄王，让他记下庄王今日所许下的诺言，而后便踏上了出使的道路。

果不其然，宋国被激怒了，华元更是义愤填膺。正如当年他的父亲所见证的那样，楚国根本没把宋国放在眼里。而这次，华元不准备忍受了。

他愤然道："不行假道之礼仪，这是把宋国当作楚国偏远的县邑了吧？若宋国当真成了楚国的县邑，那么和

① 红漆是涂在甲上的颜料。

亡国有何分别？如果杀了使者，楚国一定会前来攻打，到时一样也是亡国。既然都是亡国，还不如杀了使者。"

兼之此前在战争中被俘虏的经历，华元果断地下了杀手，最终申舟客死他乡。

消息传到楚国，楚庄王大为震惊。他低估了一个国家的自尊心，尤其是像宋国这样的国家。

宋国，是周朝遵循"兴灭继绝"的传统封商人后裔而建，"与周为客"，在诸侯国中地位特殊。虽然在诸侯争霸的大势下不得不屈从于强权，但依然顽固地保留着其自尊心。

对此，楚庄王显然不能理解。当时他正在寝宫，听闻消息后，投袂而起，愤然向外冲去，盛怒之下，甚至连鞋子和佩剑都没有顾上。

他迅速召集了军队，兴兵讨伐。

｜四、弭兵｜

宋国被围困，无奈之下，只能向晋国求助。

此时离邲之战的惨败过去了才不过两年，晋国对楚国依然心有余悸，在出兵救宋的问题上，就体现出了暧昧的态度。

情感上，晋景公自然是想救的，不救，就等于作为霸主的失职。但他还是听从了大臣的建议：此刻的楚国正在上升期，当避其锋芒才是，不该出兵。

尽管如此，晋国也不想让宋国降楚，就派出了一个叫解扬的使者去传话说：晋军已倾巢而出，很快就将抵达，宋国千万要守住。

能耗一时，就耗一时，这对晋国而言，并无损失。

只是解扬尚未抵达，就于中途被郑国俘获并献给了楚国。

楚庄王想着晋国若是来救，战事又会变得复杂，于是便想要策反解扬。许以重金，让他去向宋人说，晋军不会来了。如此一来，宋军没了信心，楚军就能速战速决。

解扬假意推却了几次后，应承了下来。他登上楼车①，传达的却是晋君的命令，让宋军继续守住。

楚庄王大为恼怒，认为他背信弃义，该杀。

_____

① 楼车，古代战车的一种，比兵车高，主要用以望敌。

解扬并不惧怕，他认为作为臣子，当以完成君主的托付方为信守。自己假装顺从楚国，也不过是为了完成使命。"死而成命，臣之禄也"，纵然需要付出生命的代价，也是作为臣子的福气。

这番大义凛然，打动了楚庄王。解扬不仅未受罚，反而被放回了晋国。

解扬回去了，宋楚两国依然僵持着。

楚国乏了。从去年的秋九月，到今年的夏五月，时间默然地流逝着，粮草将尽，而宋国那边似乎依然看不到投降的迹象。楚庄王决定撤兵回国。

这时，有个人冲到他马前，俯身叩拜，正是申舟之子申犀。

申犀道："我的父亲申舟明知是赴死，都要完成国君下达的命令；而如今，君王却打算食言了。"

面对这个神色决绝的年轻人，楚庄王进退两难，一时无言以对。他放回解扬，是感其忠义；而如今自己若背弃对忠义之臣的诺言，岂不令人寒心？可一直这么围困着宋国，楚国也耗不起了。

　　"筑室，反耕。"为楚庄王驾车的申叔时适时地献上了一条计策，解了这两难之境。

　　所谓筑室反耕，即就地垒石为营，耕作谷物，补给军需。而其更为重要的军事意义，在于向对方传递这样一个讯息：我方将死磕到底。

　　这更多的是一场心理战。果然，见到楚军如此举动，宋国很快就慌乱了。楚国粮草将尽，被围困的宋国也快坚持不住了。更何况，晋国答应的援助迟迟未至。

　　这日夜里，华元悄然潜入了楚国司马子反的帐中，将他从床上叫醒。

　　子反大惊，不过华元并无加害之意，他是来谈判的。

　　他先是诉说了宋国此刻的惨状，"易子而食，析骸以爨"，既无粮食，也无柴火。而后表达了己方的决心，如果楚国想要与宋国达成城下之盟，那么宋国宁可亡国也不答应——所谓城下之盟，指的是桓公十二年（前700），楚国攻打绞国时，以武力胁迫其所订的盟约，被诸侯们视为奇耻大辱。最后，华元提出了方案：

楚国退兵三十里，而后宋国愿服从楚国。

简而言之，宋国可以投降，但是要有尊严地投降。他的趁夜潜入，其实也是在玩心理战。果然，子反惊惧之下同意了。

子反将此事禀报给了楚王，楚王也应允了。只要宋国表示愿意服从，那么楚国就达到了目的。

就此，华元主动前往楚国为人质，两国签订了盟约，彼此约定"我无尔诈，尔无我虞"。"尔虞我诈"这一典故也由此而来。

对宋国而言，华元此举无疑是保全了家国的尊严。而他的高光时刻还不止于此。

从与楚国斡旋结盟这件事上，亦可看出，他本人其实更擅长的是外交。也正是有赖于他的努力，成公十二年（前579），在宋国召开了一次弭兵会盟。所谓弭兵，即放下武器，平息战争，致力和平。

晋楚争霸，不仅让夹在其中的诸侯国饱受战乱之苦，同时这两个国家本身也因征战和各自国内的政治斗争而疲惫不堪。华元既与晋国的执政大夫栾书交好，同时也与楚国的令尹子重友善，于是他奔走两国之间进行调停，终于让两国放下了干戈，约定平分霸权。

弭兵，让各国得以休养生息，从战事中暂时抽身而得以喘息。但是，这样的和平局势并没有持续多久。

成公十六年（前575），鄢陵之战爆发，晋楚再次出兵，争夺霸权。大小诸侯国又被迫站队，卷入了混战之中。

而此时的华元，纵然有心调停，也已无能为力了。毕竟在这乱世，尔虞我诈、兵戎相见，才是诸侯国之间惯常的相处模式，又哪里是由谁能左右的呢？

申公巫臣
——最可怕的复仇，是以天下大势为筹码

《左传·成公七年》（申公巫臣）："尔以谗慝贪惏事君，而多杀不辜。余必使尔罢于奔命以死。"

成公七年（前584），楚国，一份书信自晋国而来。

这是一场杀气腾腾的宣战：你二人多杀无辜之人，我必将令你们疲于奔命，至死方休。

信中所提的两个人，是楚庄王的两位弟弟，位高权重的令尹子重与司马子反。

果如信中所言，九年之后，楚国在鄢陵之战中败于晋国。与争霸事业受挫相应的，是子重与子反二人命运的急转直下。

寄信人，是楚国的旧臣，也是楚庄王原本最为倚重的谋士——申公巫臣。

当申公巫臣在北方的晋国写下这封信时，楚庄王已去世多年。谁也不曾想到，他当初离开楚国，会间接地改变了晋楚两国的命运，甚至是整个春秋时代的格局。

所有人都以为，他的离开，是为了一个女子。

| 一、夏姬 |

时间回到宣公十一年（前598），当时意图北上的楚庄王挥鞭向陈国进军。出兵的理由是讨伐陈国的内乱，而他的另一层心思，是一睹名满天下的美人——夏姬的芳容。

夏姬是郑穆公的女儿，嫁于陈国大夫夏御叔为妻。其时已届中年，却风姿不减，其妩媚动人处，更胜年轻时几分。只是她生活颇为放荡，出嫁前就与庶兄公子蛮私通，出嫁后不仅与朝中的两位大夫有染，连国君陈灵公都成了她的裙下之臣。

这几人对此毫不避讳，公然争风吃醋，甚至争相将夏姬的贴身汗衣穿在身上，嬉戏于朝堂。

有个叫泄冶的大夫看不下去这片乌烟瘴气，进言劝谏，认为二位大夫该杀。

二位大夫若该杀，那他陈灵公呢？陈灵公未加理会。最后，在他的默许之下，被杀之人，反而成了泄冶。

世事荒诞若此，孔子谈及此事，悲从中来："民之多僻，无自立辟。"他没有说君臣，而把邪行的源头放在了"民"上。整个国家都行邪僻之事，孤身与之对抗，又能如何呢？他说泄冶不识时务，不懂明哲保身，实际上骂的又何尝不是整个陈国。泄冶的死，单单一个陈灵公，还远远担不起这份罪责。

有前车之鉴，更加无人阻拦，陈灵公几人愈发肆无忌惮。

但他们忘了，夏御叔虽已去世，却留下了一个血气方刚的儿子，夏徵舒。

虽然这桩丑闻辱没门庭，但是对方不是国君便是大夫，位高权重，夏徵舒不能不心有忌惮。在强权之下，蝇营狗苟被迫低头，也算不得罪过。

只是生而为人，总该有人的尊严。当底线被触犯，杀心自然随之而起。

这日，三人又在夏姬处饮酒，酒至酣处，又开始言辞轻薄。一个道："我看夏徵舒长得像你。"另一个道："我看与你也很像啊。"又是一番调笑。

母亲的名节已然扫地，想不到如今连已故的父亲还要遭受这番侮辱。夏徵舒心头原本就绷紧的弦，终于断了。

不能再这样下去了。夏氏家族尚未绝后，怎能这般任人欺凌？

他下定了决心。

他躲在马房里，等待着时机。当陈灵公浑然不觉地走出来时，迎接他的是一支利箭。死于私欲，死得并不算冤枉。

国君昏聩，臣子无道，陈国早已民怨鼎沸。陈灵公一死，那二人知道此地断然容不下他们，于是狼狈出逃，投奔楚国。而这正给了楚国讨伐陈国一个口实。

楚庄王自然求之不得。北上中原，出兵也需要名目，而现在这个名目送上了门。他声称，陈国人不必害怕，自己不过是来讨伐夏徵舒的罪过。

他要立威，立楚国之威，立他楚庄王之威。

在楚军面前，陈国毫无抵抗之力。最后，夏徵舒被五马分尸。

这个年轻人为家族的尊严付出了生命的代价。尽管这尊严在强权面前不值一提，但是至少，他的血是热的。

若没有泄冶，没有夏徵舒，这世道未免太不堪。

| 二、申公巫臣 |

夏徵舒死了，夏姬毫发未损。

当然，楚庄王很高兴。见到了夏姬，更是心旌摇荡。难怪陈国这些君臣都被迷住了啊，他打算将夏姬纳入后宫。

这时候，大夫申公巫臣站了出来，慷慨陈词："您还记得自己是为何出兵陈国的吗？是为了讨伐夏徵舒的罪过。若是今日将她纳入后宫，就成了贪恋她的美色，邪淫之行将招致惩罚。您若是想取信于诸侯，争霸于天下，就得三思而行啊。"

一番敲打，楚庄王发热的头脑冷静了下来。美人固然可爱，但哪里比得上宏图霸业重要呢？遂作罢。

但是夏姬身边依然不乏追求者。楚庄王的弟弟、楚国的司马子反也同样萌生了心思。

巫臣再次发动了他的三寸不烂之舌：夏姬实在是个不祥之人，看看她身边的那些人，公子蛮早夭，夏御书被杀，陈灵公被弑，夏徵舒被戮，两位大夫出逃，陈国几乎灭国①。论不祥，谁能比得上她啊。人生如此艰难，娶了她，怕是会不得好死吧。天涯何处无芳草，何必非盯着一个夏姬不放呢？

这简直是个为祸人间的妖妇啊，像是被下了诅咒一般。想着夏姬身边人的遭遇，子反不由得打了个冷颤，兴致全无。

而后，夏姬就被许配给了楚国大夫连尹襄老。但她身上的诅咒似乎并未解除。很快邲之战爆发（宣公十二

① 楚庄王灭陈国，将其作为楚国的一个县，后又重立陈国。

年，前597），连尹襄老战死于郑国，夏姬再次被人惦记上了。这次是襄老的儿子，意欲与其私通。

巫臣又一次站了出来。但这次，他终于挑明了自己的真正意图：他此前对楚庄王与子反的几番阻挠，不过是因为自己也看上了夏姬。只是既然已出面阻扰，便不好再为自己开口了。

但他并没有放弃，以极大的耐心，关注着她身边的风吹草动，并且一等就是数年。

现在，时机似乎到了。

他先是派人给夏姬传话：不如回你的母国郑国去吧，到时我去娶你。

夏姬心中发笑，巫臣明修栈道暗度陈仓，骗过了多少人？

除了美艳与放荡，夏姬一直是个面目模糊的人。热闹的是那些围着她的男人，而她是被动的那一方，似乎和谁在一起都无所谓。在她这里，被动不是消极，而是一种自信，是对无论谁得到了她都会将她视若珍宝的自信。是的，她已年过四十，但其魅力分毫不减。

而且她是个聪明人，也知道谁是真正的聪明人。她看过了太多男子，才智少有能比得上巫臣的。这也许是个不错的归宿。

陈国被破，夏徵舒被杀，国破家亡，她却似乎没有太多悲痛；当然，对于楚国，她也谈不上留恋。

去哪里都可以。她只爱自己。

当然郑国不是说回就能回的，心思缜密的巫臣早已筹划好了一切。他又派人从郑国传消息给她，想要得到襄老的尸身，必须得你亲自来迎接。

夏姬于是将郑国的消息上报给楚庄王，楚庄王问巫臣的意见，巫臣自然顺水推舟。就此，楚庄王便准许了夏姬的出行。

临行前，夏姬留下了一句意味深长的话："若不能拿到襄老的尸身，我绝不回楚国。"这是她留在《左传》中唯一的一句话。

送行者听闻，或以为其对襄老情谊深重；只有巫臣心知，她再也不会回来了。她的这番决绝之辞，不过是对这个强大国家的调笑。

数年后，晋国为了换取在邲之战中被楚国俘虏的大夫知罃①而送回了两个大夫的尸体，其中就有襄老。而夏姬并没有回来。

巫臣也没有让她等多久。夏姬抵达郑国后，他就征得郑襄公的同意，正式下聘。

| 三、复仇 |

巫臣真正下定决心离开楚国，是在楚庄王去世、楚共王即位之后。

成公二年（前589），齐晋两国之间爆发了鞌②之战，齐国落于下风，楚国想去援救，便派巫臣出使齐国，告知其楚军打算出兵的日期。

此次出行，他带上了所有的家产，先来到郑国，终于如愿见到了夏姬。

他原本打算的是，与夏姬一起留在齐国。但是还没到齐国，齐国已大败于晋国。

---

① 罃，音yīng。
② 鞌，音ān。

巫臣心思又活动了，他说："吾不处不胜之国。"

对他这样一位楚庄王身边的谋士而言，齐国未免太弱了。眼下，唯有晋国才能匹配他的才华——况且，能与楚国抗衡的也唯有晋国。于是他转而又带着夏姬前往晋国，并凭借着在那里的人脉，很快谋到了大夫之职。

怀抱美人，身居强国，巫臣的人生可谓春风得意。

但事实上，作为一个谋士，他最精彩的事业才刚刚起步。

伏笔早就埋下了。作为游走于权力之间的谋士，他的职责是为执政者献言进策。但是有意无意之间，他都触犯了一些权贵的利益，站在了他们的对立面。

而最痛恨他的两个人，便是子反与子重。

子反自不必说。当初巫臣巧言令色言之凿凿，让他心有忌惮不敢亲近夏姬，却没想到是另有曲折，自己成了被戏耍的对象。得知真相的他，如何能够咽得下这口气。

于是，当巫臣被晋国授予大夫之职时，鞭长莫及的子反恼羞成怒，他甚至向继位不久的楚共王提出，以重金疏通晋国，换取晋国对巫臣的永不录用。

楚共王年纪虽幼小，头脑却很清醒，说：巫臣对于先王是忠诚的，有功于国家。况且他若有用，晋国又岂会因为这些钱而不用他；若是没什么用处，就算不用钱，晋国也不会用他。

子反计划落空，但是得不到发泄的愤恨随之越积越深。

子重对巫臣的怨恨，则与土地相关。

宣公十五年（前594），楚国围宋之役归来，子重请求把申、吕这两块地赏赐给自己，楚庄王本想答应，却被巫臣阻止。他认为，这两块地的位置特殊，是用来征收兵赋、抵御北方的，关系国家的战略安全。若是归于私人，便无防守力量，那么晋国与郑国便容易进入汉水流域，威胁楚国。楚庄王深以为然，子重的算盘就此落空。

现在，宠信巫臣的楚庄王已经去世，楚共王新立，子反、子重手掌大权。尤其是子重，就任令尹之职，执掌一国之国柄，权力仅在楚共王之下。再愚笨的人，也多少该察觉到政治气候已经变了，更何况是巫臣这种老谋深算之辈。

君子不立危墙之下，他选择了离开。

但楚国的这两个人并没有打算放过他。

很快，远在晋国的巫臣就接到了噩耗：他的几位族人被子重、子反所杀，家族财产被瓜分。不仅如此，连襄老的儿子也一并被祸及——为了报复夏姬，为了侵吞财产。

巫臣悲愤不已。他虽在晋国，但并不想与楚国为难，毕竟那里是他的家乡，有他的族人在，也有对楚庄王的情意在。但如今，这一切都烟消云散了。

既然那些值得他留恋的事物都不在了，他就没有必要手下留情了。他决意动用他的全部力量，让这两人付出代价。

于是，他下了战书："尔以谗慝贪婪事君，而多杀不辜。余必使尔罢于奔命以死。"

那二人也许不会相信，巫臣并不是一个只会逞口舌之快的人。他言出必行，不耽于虚言：他要为楚国培养一个强大的敌人。

而吴国，就是巫臣为楚国精心挑选的敌人。

位于东边的这个国家此时刚刚开始冒头，却已经展现出了强大的战斗力，让周边诸侯国惊惧不已。只要稍微培养一下，那么必然能够用来牵制楚国。

征得晋国的同意后，巫臣就踏上了前往吴国的道路。他带去三十辆兵车，留给吴国十五辆，一同留下的还有驾车的御者和弓箭手。他亲自教导他们如何驾车、如何排兵布阵，如何攻打楚国。他甚至让自己的儿子留在那里，做了吴国的外交官。

在巫臣的授意下，吴国军事力量大增，并很快向周遭发动了进攻。那些附属于楚国的小国，纷纷被纳入了吴国的地盘。

面对来势汹汹的吴国，子反、子重"一岁七奔命"，一年之中连着七次出兵抵御吴国，苦不堪言。

而这，正是巫臣"联吴疲楚"的计划。

| 四、鄢陵之战 |

巫臣的计划奏效了。

思维之缜密，行事之稳当，一如当年追求夏姬之时。

当楚国不得不在东方战线投入更多兵力时，相应的，是对中原战局的疲于应对，是在对抗晋国一事上的力不从心。

成公十六年（前575），因郑国叛晋投楚，晋军与郑楚联军爆发鄢陵之战，以晋军获胜而告终，宣告了楚国在中原的强势影响力走向衰弱。

而在这场战争中，子反喝酒误事，最后不得不自杀谢罪。

五年后，子重攻打吴国，"所获不如所亡"。一时取胜，而后又遭遇惨败，楚国损兵折将。子重为国人所诟病，重重压力之下，不久便心病突发而亡。

当子反、子重在战场上疲于奔命时，不知会不会想起那个口才了得的申公巫臣，不知他们可曾有过片刻后悔。

他远在千里之外，运筹帷幄之中，遥控着一个猛兽般的国家不断地扑向自己的母国。

他用自己的计谋，完成了一场无懈可击的复仇。这是多么可怕的力量。

后人多看到他的好色，津津乐道于夏姬的枕边事，而忘了他谋士的身份——头脑，才是他最为珍贵的，用以安身立命的根本。

哪怕没有夏姬，他也是会离开楚国的。

也同样会有一个吴国，打破晋楚争霸的格局，成为春秋风云的后起之秀。

后 记

某年暑假行将结束之际，我负笈北上，途中收到了导师马银琴先生的短信，大意是让我想想自己对什么课题感兴趣，以便确定毕业论文的方向。

前一学期刚好在上天文考古课，涉及墓葬仪式等内容，脑海中便不自觉地跳出了"祭祀"二字。

"那就去读《左传》吧，里面有不少这一块的内容，而且研究空间很大。"老师建议。

翻开《左传》，果不其然。"国之大事，在祀与戎。"（《左传·成公十三年》）于是，接下来我便与此书打起了交道。

"十年一觉扬州梦"，如今距离那番对话，已过去了十年。只是我并未能如老师所期待得那样，在学术的道路上继续走下去。

写毕业论文那段时间，只觉得做学术真的太过辛苦。虽然老师时常勉励，偶尔我也能从中享受到如探案般抽丝剥茧的欢愉，可是一想到"皓首穷经"这几个字，一想到恐吓般的"会与社会脱节"之规劝，心中就萌生了退意。

很久之后，我才明白，自己所害怕的，不过是个假想敌而已。世界之大，每个人都有其安身立命之处；而社会，实在是一个太过于笼统的概念。

工作后的最初两年里，我把自己当作了叛逃师门的弟子，偏安于江南之一隅，中断了和马老师的所有联系。每每思及辜负了老师的培养，便深觉羞愧，汗涔涔而下。

转折发生在2015年初夏。当时正好前往北京参加一个研讨会，这便给了我一个去建国门拜访老师的由头。

没想到老师先和我表达了歉意："你毕业答辩时，我都不能在场，连照片都没能拍一张。"

彼时老师去美国一所高校访学，无法分身，答辩事宜便让王秀臣老师代为指导。王老师非常负责任，毕业答辩也进行得很顺利。

老师翻看着我被研讨的古诗词，笑着说："我都不知道你还会写这个，真好。"其实我自己也没想到，闲笔有一天会呈现于人前。

分别时，和老师合了影。印象中，这是和老师第一次合照。此前，仿佛因为见得太容易，从没有过这个想法。这或许是一种郑重的离别的形式吧，类似于灞桥折柳。

记得第一次到社科院古代室，是研究生入学前几周。老师说古代室有一个读书会，让我也参加。当时读的是《十三经注疏》中的《毛诗正义》，老师把这书借给了我。就这样，还没正式开课，我便背着这厚重的书，敲开了古代室的大门，跟着年长或年轻的研究员们，努力辨析着上面大人小小的字符。

此后不久，读书会里的好些老师陆续离开了社科院，马老师也是。数年后再去北京，老师已在清华任教了。

马老师说，因为要给本科生上课，自己的时间难免少了。但是清华的学生底子总体不错，还是颇感安慰的。

"得天下英才而教育之",想必是每个老师的理想与乐趣所在吧。

在清华,我第一次见到了师弟师妹们。我当年入学时,老师只带我一个学生。如今,老师像花蕊一样被花瓣们层层叠叠地给围住了,吃饭也热闹了很多。

说起吃饭,这么多年来,每次都是老师买单。从前老师说我是学生,没有钱,理应由她来请。现在我工作了,老师还是不让,说学生来看老师,怎么还能让学生破费呢?所以,学生,实在是一个太好的身份了。

最近一次见面,是2020年底,书稿已经完成,正待出版,便和老师聊起了此事。

我心里依然有些忐忑,因为这并不是部研究类的著作,"有些浅显,偏文学性。"

老师还是一如既往地鼓励我,"让更多人了解那段历史,意义也不比做研究工作小。而且,这其实也是一件比较难的事。你能去做,我很高兴。"

我略微放了心。

"但是史实上,一定要谨慎。"老师又郑重地嘱托。

这是一个学者的态度，也是我心目中真正的学者该有的风范。

在社科院读书时，每周有一个返所日，即学生在这日去所里见自己的导师。可是马老师几乎每天都在所里。

聊起和社科院的渊源，她说是有一次听了刘跃进老师的讲座，因钦佩其学识风骨，便抱着憧憬来了这里。我后来听刘跃进老师的课，记忆最为深刻的一段话是他的自省与自谦："……我们这代人因为历史原因，先天不足，成果有限。希望你们可以努力，做得更好……"

再后来，拜读童书业、田余庆等前辈的著作时，其行文中的严谨与谦逊，又让我一再想起社科院的那几位老师。薪火相传，他们用自己的方式，坚守着同一份事业。

写这本书的契机，则是来自一次谈话。

第一次去清华见马老师时，马老师引荐了在那里招收的第一个研究生——师弟胡霖，夸赞他潜心用功，若有问题，也可向他讨教。

回到宁波后，致电师弟，问了他一些学术上的事情，不知怎么就谈到了我当年的毕业论文。他说起马老师在他们面前曾多次夸赞我，说毕业论文写得不错。

我笑道："那是老师的一片苦心，把我当作引驴子往前走的胡萝卜了。"

笑过之后，我打开电脑，翻出了当年写的论文。毕业之后，我再也没有去碰过那个文件夹。若是纸张，想来早已泛黄，并被厚厚的灰尘覆盖。

只看了前言部分，我便知道自己如今已写不出那样的文字了。可某种旧时的情感，就此连接上了。从书架上找出一直陪伴我读研生涯的杨伯峻先生的《春秋左传注》，试图重温。一边看，一边不自觉地做起了笔记，想把其中的人物和事件重新梳理一遍。后索性便写成了一篇篇文章。这些文章最初有一个统一的名字，叫《〈左传〉读书笔记》。

所以，这是一本有点笨拙的书。若是如老师所言，能起到一点普及那段历史的作用，让更多人愿意去了解，便是我的幸运。

写作过程中，受到了诸多诗友的支持与帮助，也在此一并致谢。

是为后记。